Temas da clínica do adolescente e da família

Dados Internacionais de Catalogação na Publicação (CIP)
(Câmara Brasileira do Livro, SP, Brasil)

Temas da clínica do adolescente e da família / organizadoras
Marlene Magnabosco Marra, Liana Fortunato Costa. – São Paulo :
Ágora, 2010.

Vários autores.
ISBN 978-85-7183-069-1

1. Adolescência 2. Adolescentes - Comportamento 3. Família 4.
Psicologia clínica 5. Psicologia do adolescente 6. Psicologia social 7.
Psicoterapia I. Marra, Marlene Magnabosco. II. Costa, Liana Fortunato.

10-06330   CDD-155.5

Índices para catálogo sistemático:
1. Clínica do adolescente e da família :
Psicologia 155.5

Compre em lugar de fotocopiar.
Cada real que você dá por um livro recompensa seus autores
e os convida a produzir mais sobre o tema;
incentiva seus editores a encomendar, traduzir e publicar
outras obras sobre o assunto;
e paga aos livreiros por estocar e levar até você livros
para a sua informação e o seu entretenimento.
Cada real que você dá pela fotocópia não autorizada de um livro
financia o crime
e ajuda a matar a produção intelectual de seu país.

Temas da clínica do adolescente e da família

ORGANIZADORAS
Marlene Magnabosco Marra
Liana Fortunato Costa

TEMAS DA CLÍNICA DO ADOLESCENTE E DA FAMÍLIA
Copyright © 2010 by autores
Direitos desta edição reservados para Summus Editorial

Editora executiva: **Soraia Bini Cury**
Editora assistente: **Salete Del Guerra**
Assistente editorial: **Carla Lento Faria**
Capa: **Alberto Mateus**
Projeto gráfico e diagramação: **Crayon Editorial**
Impressão: **Sumago Gráfica Editorial**

Editora Ágora
Departamento editorial
Rua Itapicuru, 613 – 7º andar
05006-000 – São Paulo – SP
Fone: (11) 3872-3322
Fax: (11) 3872-7476
http://www.editoraagora.com.br
e-mail: agora@editoraagora.com.br

Atendimento ao consumidor
Summus Editorial
Fone: (11) 3865-9890

Vendas por atacado
Fone: (11) 3873-8638
Fax: (11) 3873-7085
e-mail: vendas@summus.com.br

Impresso no Brasil

Sumário

Prefácio 7
Introdução e agradecimentos 11

PARTE I • A adolescência hoje
1. Adolescências e experimentações possíveis 15
TERESA CRISTINA CARRETEIRO

2. Competência cultural: um aspecto da clínica 25
HELOISA JUNQUEIRA FLEURY
MARIA CECILIA OROZCO LOPEZ

3. Por uma clínica do social e da identidade contra a "ninguenidade" 37
FRANCISCO CATUNDA MARTINS

PARTE II • A clínica da adolescência
4. A clínica do adolescente: recursos para a jornada exploratória 51
FLÁVIO LÔBO GUIMARÃES
LUCIANA MONTEIRO PESSINA

5. A escola como contexto complementar à clínica da adolescência 65
SANDRA ENI FERNANDES NUNES PEREIRA
MARIA FÁTIMA OLIVIER SUDBRACK

6. A clínica do adolescente em meio fechado: olhares sobre o contexto 87
MARIA INÊS GANDOLFO CONCEIÇÃO

7. A clínica do adolescente em medida socioeducativa de semiliberdade   105
MARIA APARECIDA PENSO
MARIA EVELINE CASCARDO RAMOS
MARISTELA MUNIZ GUSMÃO

8. A socialização de adolescentes em bairros
populares e o papel da ação pública na França   119
JOËLLE BORDET

9. Dinâmica familiar e trabalho do adolescente em conflito com a lei   129
OLGA MARIA PIMENTEL JACOBINA
LIANA FORTUNATO COSTA

PARTE III • A clínica da família
10. A violência como padrão de comunicação familiar   149
MARIA EVELINE CASCARDO RAMOS

11. Aspectos socioeducativos da clínica de família   165
MARLENE MAGNABOSCO MARRA

12. Dinâmica familiar e envolvimento
em atos infracionais e com drogas na adolescência   183
MARIA APARECIDA PENSO
MARIA FÁTIMA OLIVIER SUDBRACK

13. A dimensão clínica das intervenções
psicossociais com adolescentes e famílias   201
LIANA FORTUNATO COSTA
MARIA APARECIDA PENSO

14. Reflexões éticas sobre a clínica da família   215
ILENO IZÍDIO DA COSTA

15. A terapia de família em múltiplos
contextos sociais: um enfoque sociodramático   227
MARIA AMALIA FALLER VITALE

Prefácio

Sinto-me honrada em fazer o prefácio deste livro organizado pelas colegas e amigas Liana Fortunato Costa e Marlene Magnabosco Marra. Já de início, considero importante destacar que elas conseguiram, com sabedoria, reunir profissionais que contribuem com o entendimento dos fatos existenciais do adolescente.

Esta obra é fruto de uma produtiva colaboração que amplia o paradigma de compreensão de como se dá o sofrimento do adolescente dos dias atuais. Por intermédio de experiências clínicas, os autores evidenciam a adolescência como uma categoria histórica e cultural, construída em uma sociedade que fecha as portas aos jovens – impedindo-os, muitas vezes, de ter esperanças e de perseguir seus sonhos, vitais na existência de cada um deles.

Sabemos que a adolescência constitui um período crítico na sociedade ocidental. Contudo, não podemos explicá-la como um período natural do desenvolvimento humano. Não obstante se reconheça o significado das mudanças corporais e sua importância na construção da identidade do sujeito, a adolescência não compreende uma categoria homogênea, na medida em que não há uma uniformidade de condições de vida e educação.

Ao reagir às demandas sociais cujos paradigmas de existência apelam para uma rede de exigências (forma de se vestir, de cultuar o corpo, de se relacionar... e de pensar), o adolescente da atualidade vê-se desafiado, e sua família também.

PREFÁCIO

O presente livro possibilita enveredar pelos caminhos do conhecimento, mostrando o papel da família e das instituições – lócus de pertencimento em que se desvelam padrões de interação e de aprendizagem.

O tempo da passagem da adolescência não transcorre de forma tranquila, pois o desejo de conquistas coloca o jovem diante de um mundo de incertezas. A depender de sua subjetividade, ele vive experiências marcadas por acontecimentos traumáticos, violentos, permeados de perdas, contrariando o desejo pautado na ideia de nada perder e tudo ganhar. A curiosidade tão característica do adolescente, o idealismo e a contestação presente e contínua, associados à falta de definição de papéis, ausência de amparo e referências, podem levá-lo a condutas de risco.

Destarte, é um privilégio "ouvir" pessoas cujas experiências acadêmicas e profissionais sustentam um profícuo debate sobre a adolescência. Esta, por sua vez, deve ser vista não apenas como um período de crises, capaz de sucumbir e anular as esperanças de transformação – embora o sofrimento, a angústia, o desamparo que têm lugar na vida dos adolescentes e de suas famílias possam comprometer o desejo de viver numa sociedade em que a revolta não é apenas expressão de rejeição à autoridade.

Assim, num cenário em que o adolescente sofre a ausência de boas referências, ele vê o enfraquecimento de figuras que poderiam ajudá-lo a transformar a agressividade e a encontrar sentido para tantas mudanças.

Não sem razão, as organizadoras do livro colocam afeto no que fazem, acreditando que a adolescência, verdadeiramente, constitui a fase de maiores ganhos. Contudo, em face da precariedade das relações entre o sujeito adolescente e seus contextos de referência, o jovem poderá viver experiências transformadas em perdas irreversíveis.

A título de organização, o livro se compõe de três partes. Na primeira, o enfoque recai na temática da adolescência na contemporaneidade. A segunda, contendo trabalhos de grande importância, enfoca a clínica da adolescência. Na terceira parte aparecem os artigos que contemplam a clínica da família.

A diversidade de experiências que orienta esta coletânea traz significativas reflexões teóricas, todas enriquecidas pelos relatos de casos.

Cada texto apresentado ajuda a reacender nossas crenças de que, com conhecimento, esforço e dedicação poderemos minimizar o lado negativo da existência do adolescente, expresso por meio da violência, do abandono, da discriminação.

Considero oportuno destacar a contribuição dos autores ao trazerem à baila questões tão pertinentes como as que se propuseram debater. Fica evidente que, para eles, muito ainda se pode fazer. Acreditam, com razão, que a esperança se encontra depositada em cada um que compõe a rede de apoio/suporte do adolescente: a família e os espaços de cuidado, onde aprendem a cultivar e a desenvolver vínculos com profissionais competentes e sensíveis.

Célia Maria Ferreira da Silva Teixeira
Psicóloga, psicodramatista e coordenadora do Programa
de Estudos e Prevenção ao Suicídio e Atendimento a Pacientes
com Tentativa de Suicídio (Pats) da Faculdade de
Medicina/Hospital das Clínicas da Universidade Federal de Goiás

Introdução e agradecimentos

ESTE LIVRO NASCEU DO CORAÇÃO, do afeto e da nossa admiração pela competência e pelas realizações de todos os autores. Foi gestado na amizade e no companheirismo de suas organizadoras.

Somos todos colegas, amigos e atores persistentes de ações que envolvem adolescentes e famílias. Alguns de nós estamos nos entremeios da pesquisa; outros, na linha de frente de batalha nos consultórios e ambulatórios. Outros, ainda na mediação, lidando com políticas públicas de um país que corre bastante, mas ainda está muito distante da chegada.

Procuramos reunir perspectivas do trabalho com o adolescente e com a família que centram visões e dimensões mediadoras de um atendimento clínico mais clássico, com o atendimento psicossocial mais provável de acontecer em nossa realidade socioeconômica atual. Sabemos que hoje a maioria dos adolescentes que procura atendimento encontra profissionais que executam ações que fogem um pouco do escopo clínico bem delineado. São muitas as facetas do contexto clínico com esses sujeitos, e cada vez mais essa clínica necessária precisa se tornar possível.

Se voltarmos o pensamento para a realidade brasileira, perceberemos que não podemos ter a pretensão de igualar as ações clínicas para todas as famílias sem diferenciar seus aspectos culturais, socioeconômicos, raciais e étnicos.

Queremos agradecer aos profissionais que participam deste livro por sua disponibilidade de compartilhar seus saberes e competências. Ao aceitar o convite para colocar no papel sua experiência, eles se tornaram mestres daqueles que, esperamos, possam ler esta coletânea.

Agradecemos a você, leitor, que confia em discutir conosco as ideias aqui apresentadas e assim nos ajuda a ampliar e divulgar os conceitos e as ações que temos empreendido com adolescentes e famílias.

MARLENE MAGNABOSCO MARRA e LIANA FORTUNATO COSTA

PARTE I
A adolescência hoje

1. Adolescências e experimentações possíveis

TERESA CRISTINA CARRETEIRO

AO LONGO DESTE TEXTO pretende-se estabelecer uma articulação entre a fase denominada adolescência e os modos atuais de representá-la, tecendo relações com diversos contextos sociais. Na segunda parte, o propósito é discutir perspectivas de clínica ampliada com adolescentes de sexo masculino, apostando que podemos influenciar suas trajetórias se conseguirmos ser sensíveis a seus aspectos psíquicos e sociais.

A adolescência, na nossa cultura, compõe a transição entre a infância e a vida adulta e é marcada por muitas mudanças. Trata-se do ciclo da vida que recebe mais destaque na contemporaneidade. Pode ser considerada o início da juventude e, portanto, é objeto de muitas expectativas e projeções de pessoas, de grupos e da sociedade como um todo. Os adolescentes representam a possibilidade de transformações do mundo futuro e são vistos como aqueles que podem gozar de toda a magia que a ideia de juventude encerra. Nessa perspectiva idealizada, eles representam aquilo que é cultuado por toda a sociedade e reforçado pelo *marketing* construído em torno do símbolo jovem. A juventude aparece como sinônimo de vida, de saúde (financeira, física), enfim, de simbolizações que concentram as possibilidades de viver bem e de encontrar realizações nos mais diferentes campos existenciais.

Do ponto de vista psicossexual, na puberdade, começam a surgir modificações intensas no corpo com repercussões fortes na vida do jovem. Ele passa a se dar conta de que as transformações lhe fogem do controle. O corpo geralmente ocupa o centro de suas preocupações e torna-se cada vez mais sexuado. Há necessidade de encontrar outras formas de intimidade. Aparecem também expressões de pudor, de vergonha ou de exibicionismo. Ocorrem mudanças no modo de sentir, de vivenciar as emoções e os sentimentos, de se ver diante do mundo. Se até então o corpo e o "sentimento de si" formavam uma unidade, nesse período, eles se distanciam. "Na puberdade o sujeito e 'si próprio' não encontrarão mais a unidade perdida da infância" (Jeammet, 2008, p. 23). Existe uma espécie de traição do corpo, que sempre escapa, tornando-se, por vezes, estranho ao adolescente. É preciso que ele o reaproprie, devido às grandes mudanças que vive. Há muitos questionamentos, os quais transbordam para diferentes contextos. Os jovens interrogam a relação com os pais, os responsáveis e outras figuras significativas ou de poder. A relação com o mundo externo, em síntese, é submetida a críticas.

ADOLESCÊNCIAS E EXPERIMENTAÇÕES

O ADOLESCENTE vai fazer diferentes experimentações para procurar maneiras de apropriar-se de si e, consequentemente, de seu corpo. É por meio delas que ele paulatinamente percebe do que é capaz, diferenciando-se das figuras de identificação (parentais e outras) que até então tinham grande peso em sua vida. Começa a encontrar outros limites, sempre provisórios.

Nessa etapa, para se destacar e ter posições consideradas próprias, ele pode afirmar diversas posturas: de timidez, de interrogação permanente, de zoação. Nesta última, não se expõe, caçoa e põe em destaque o outro. A experimentação conta com aspectos muito criativos e, às vezes, também perigosos. Podem surgir desafios heroicos no ímpeto de afirmar a diferença.

Os modos de ser adolescente e de viver essa etapa da vida têm estreita relação com os contextos familiares, sociais e culturais.

Essa fase deve ser sempre considerada em sua multiplicidade, por isto, sugerimos designá-la no plural, *adolescências*[1]. Desse universo queremos destacar, neste texto, questões sociais nos referindo a duas categorias urbanas brasileiras, mais especificamente no Rio de Janeiro, segundo as referências de Robert Castel (1995) ao conceber os apoios recebidos nos diversos contextos sociais. O autor trabalha com dois tipos de indivíduos hipotéticos: os "por excesso" e os "por falta". Os primeiros integram uma teia de pertencimento social positivo que lhes permite ter suficientes suportes em diferentes dimensões institucionais (educação, saúde, família, cultura, entre outras). Esse conjunto de suportes vai lhes garantir a não dependência, favorecendo a construção de posições autônomas. Os segundos, os "indivíduos por falta", têm uma inserção social que, ao contrário, não lhes garante posições autônomas, mas de dependência; são marcados por uma ausência de pertencimento institucional positivo.

As pessoas precisam realçar pertencimentos sociais, pouco valorizados, para alcançar direitos – ou mesmo favores, se pensarmos no caso brasileiro (Carreteiro, 2001). É notório, nesse sentido, que a posição econômica das famílias lhes permite beneficiar de auxílios sociais, como bolsa família, bolsa escola, ou seja, da maioria dos programas sociais vigentes no Brasil na última década. A inscrição social oriunda de uma posição "por falta" deixa marcas psíquicas em todos que dela participam.

A fragilidade dos suportes sociais para os jovens desses estratos se faz notar em várias dimensões institucionais. Se são ainda pré-adolescentes, encontram nos estudos um dos únicos modos de almejar, por meio de um apoio institucional, um futuro. A escola veicula a ideia de que o estudo oferecerá futura-

---

[1]. Joelle Bordet (2007) faz uma distinção entre adolescência e juventude. A primeira nas sociedades ocidentais contemporâneas integra o que se denomina ciclo de vida, a segunda categoria é sociopolítica. No que concerne à ideia de adolescências, ver o importante estudo de sobre *Juventudes e sexualidade* (Garcia Castro, Abramovay e Silva, 2004).

mente oportunidades de inserção[2]. No entanto, essa imagem não tem mais a força que possuía anteriormente. O estudo é acompanhado de representações, muitas vezes, pouco afirmativas, quando não negativas, em certos contextos socioespaciais. Muitos agentes escolares duvidam do poder de integração da escola e implicitamente transmitem essa ideia aos alunos. Nesses casos o ensino é transmitido com pouco investimento. Outras instituições, como de saúde, habitacionais, também são vistas de modo pouco positivo pelos jovens, ampliando o sentimento de desamparo.

Aqui o sofrimento de origem social se faz sentir, apesar de haver modos diferentes de vivenciá-lo. Interessa-nos retornar à questão do adolescente. A emergência do corpo, nesse período, o faz objeto de grande investimento subjetivo. Há jovens que contam com diferentes suportes sociais, ou para investir em seu corpo, ou para criar investimentos paralelos. Para outros, o corpo se desdobra em seu próprio suporte subjetivo. É nesse contexto que, para muitos adolescentes do sexo masculino, o corpo passa a ser um capital (Carreteiro e Ude, 2007), configurando-se como símbolo privilegiado de distinção. Mostrar-se forte, destemido, são modos simbólicos de se experimentar. A sensualidade explode em "sujeitos-corpos", que precisam se construir como viris.

A virilidade pode trazer consigo o desejo de demonstrar a força física e fazê-la ser reconhecida por outros. As condições sociais aqui têm grande impacto. As instituições comerciais ilícitas, tais como tráfico de drogas, podem seduzir os jovens, por motivos diversos. Representa uma oportunidade de novas experiências e de

---

2. Quando são já adolescentes e têm mais de 16 anos, idade em que legalmente poderiam ter um trabalho, encontram poucos amparos sociais para conseguir uma inserção. Reconhecemos, atualmente, a existência de políticas e programas sociais com essa finalidade, mas ainda sem a abrangência e a necessária continuidade para se inscrever de modo afirmativo na vida de certos jovens, aqueles que têm percursos sociais marcados por grandes desfiliações. Muitos adolescentes participam de programas, entusiasmam-se ao fazê-lo pelas transformações que eles criam durante certo tempo em suas vidas, mas perdem o interesse quando se dão conta de que a inserção almejada não vai ocorrer.

dar destaque ao corpo, de pô-lo à prova, de mostrar e experimentar a virilidade. É também uma possibilidade de ter prestígio no lugar onde residem e, diante de uma posição econômica fragilizada, de alcançar ganhos materiais maiores do que teriam se fizessem pequenos trabalhos. Este último aspecto permite-lhes adquirir bens de consumo, muito valorizados socialmente.

O tráfico engloba e atrai os jovens. Eles apresentam um conjunto de características favoráveis para o sucesso desse negócio: têm gosto pelo risco, por novas experiências, e desejo de viver situações que façam a "adrenalina" correr nas veias. Imbuídos dos valores do tráfico, querem mostrar que "não vacilam".

Além disso, na perspectiva familiar, o tornar-se adolescente é acompanhado da exigência implícita, ou explícita, de ter de contribuir no orçamento doméstico, pois muitos vivenciam a escassez material. Outros são lembrados pelos pais ou responsáveis apenas em momentos de relaxamento ou na hora de exigirem que façam algo, que trabalhem ou procurem um trabalho no futuro próximo.

Esses jovens sentem a influência da ideia motora, presente na contemporaneidade, que a integração social é relacionada ao poder consumir. Há bens materiais considerados indispensáveis, como tênis de marcas, bonés, camisetas. A posse desses objetos, aos olhos juvenis, carrega uma espécie de direito de existir. Funciona como uma segunda pele, pele social que mesmo banhada no imaginário do logro[3] produz a falsa impressão de ser uma pele cidadã. Os bens consumidos permitem integrar a ilusória ideia de liberdade tão cara para o conjunto da juventude atual (Rocha Mattos e Rabello de Castro, 2008).

Todo jovem vive experimentações nessa fase turbulenta, que são ensaísticas ou definitivas. As primeiras permitem ingressar e afastar-se de situações, criando um movimento de inclusão e de distanciamento. Muitas das vivências têm esse caráter. No entanto,

---

3. Sobre o imaginário do logro, ver *Les figures du maître* (Enriquez, 1999).

geralmente, ao integrar atividades ilícitas, o jovem se abstrai do provisório e, na maioria dos casos, entra em um universo de posturas rígidas, no qual a violência e o destemor são características importantes. Do ponto de vista da singularidade do jovem há outros aspectos dessa etapa da vida que, no horizonte do mundo ilícito, não podem aparecer. Os sentimentos de medo e insegurança são criticados pelo grupo, devendo, portanto, ser banidos. Valorizam-se atitudes que desconsideram esses sentimentos. Produz-se um mecanismo psíquico grupal defensivo (Dejours, 1980), que interdita a expressão do medo, de fragilidades, ou seja, de atitudes que enfraqueceriam o exercício de ações ilícitas.

Se, por um lado, isso pode coincidir com o desejo viril dos jovens rapazes, por outro, podemos nos indagar: qual é o destino dos sentimentos considerados frágeis? Uma das hipóteses é de que as defesas coletivas juvenis vão negá-los, transformando-os em atitudes marcadas pela firmeza e pela ação, compondo um rígido código grupal. Há um lugar ínfimo para as emoções tristes, a ambivalência e o medo, que são interditadas por rituais nos quais o agir invade qualquer reflexão elaborativa. São os modos de agir, selados pela "passagem à ação", que consolidam a produção subjetiva adolescente no contexto do tráfico.

As subjetividades contemporâneas têm sido acompanhadas pelo excesso (Birman, 1999). Esse aspecto é convocado para fazer calar as emoções tristes. Pensamos que a subjetividade juvenil marcada pelo excesso se retrai ao seu aspecto mais externo, a pele, limite do envelope psíquico[4] de reconhecimento e de autorreconhecimento do sujeito. Essa forma de ser desenvolve-se na performance da ação. Isso nos conduz a pensar em uma "subjetividade-pele" ou "subjetividade-corpo" e "subjetividade-ação". Tais modulações subjetivas podem se valer do excesso de consumos disponíveis para aplacar os indícios de sofrimento individual ou coletivo. Aqui ganham lugar o sexo e as drogas, assimilando-os a bens de consumo.

---

4. A esse respeito ver Anzieu (1985).

Esses modos de investimentos subjetivos estão presentes no conjunto da sociedade, mas nos interessa verificar seus desdobramentos no caso dos adolescentes. Os jovens com suficientes suportes sociais possuem condições de encontrar investimentos que lhes permitam fazer que as experiências tenham o caráter provisório, mesmo quando vivem situações consideradas difíceis ou de risco. Nessas ocasiões, seus familiares e a rede social na qual estão inseridos mobilizam recursos para auxiliá-los. No entanto, no caso dos jovens fragilizados socialmente que ingressam no tráfico, a experimentação perde o caráter transitório e paulatinamente torna-se permanente. Nesse universo, outras instituições passam a estar presentes na vida juvenil, como a policial e a jurídica. Na maioria das vezes, exercem um forte papel repressivo e contribuem para que os jovens usem a violência para defender-se. Real ou simbólica, a violência é praticada em grande parte das ações diretas ou indiretas dessas instituições, solidificando a ideia disciplinar (Foucault, 1991) de que a ordem se dá pela imposição da força física, pelo castigo e pelas humilhações. Vê-se, então, como os suportes sociais podem ou aprisionar certos jovens, aumentando os riscos das ações que desenvolvem, ou auxiliá-los a criar outros caminhos que sejam menos arriscados[5].

PENSANDO AS ADOLESCÊNCIAS A PARTIR DE PERSPECTIVAS CLÍNICAS

Como conceber uma perspectiva clínica? Essa questão é extremamente complexa, mas tentaremos delinear alguns esboços.

As subjetividades são produzidas em um contexto sócio-histórico que tem influência sobre as famílias, as instituições e o imaginário social. Procurar discernir o emaranhado de eixos que participam das produções subjetivas é uma tarefa difícil, mas ela deve ser ambicionada. Isso significa almejar coopera-

---

[5]. Sobre a resistência a esses modos de apreender os jovens é notável o trabalho coordenado por Sudbrack (2007).

ções disciplinares, pois nenhum olhar poderá abarcar totalmente as subjetividades.

A segunda questão, consequência da primeira, é postular a humildade disciplinar, evitando o pensamento hegemônico, o que remete à possibilidade de colaboração disciplinar. Cooperar significa postular que todos os saberes envolvidos em uma questão têm algo a dizer. Poder ouvir a diferença requer criar pequenos deslocamentos no que estamos habituados a ver e a ouvir, assim como elaborar de que maneiras esses novos olhares, associados ao nosso próprio, implicam criar referências originais.

Voltando aos adolescentes, é importante poder ouvi-los e situá-los. Quem são, que vínculos têm, incluindo os familiares, institucionais e do grupo de pares? Quais são as potências e os limites dessas relações vinculares? Tentar perceber em que redes estão envolvidos requer pensar nos recursos e impedimentos que os conduzem a agir e se construir subjetivamente. É igualmente necessário procurar significar quais os sentidos que têm suas ações e como cada sujeito irá se apropriar dos legados sociofamiliares (Penso e Costa, 2008) para construir respostas próprias para lidar com as circunstâncias sociais. A clínica, nessa acepção, é um eixo da psicologia e da psicanálise, mas isso não lhe é próprio. Ela é uma atenção ao outro, considerando-o em sua alteridade, mas também uma atenção ao que é tecido nos vínculos, e estes são sempre marcados por posições sociofamiliares e institucionais.

Atentar para esses aspectos é empenhar-se para conhecer os adolescentes em suas singularidades, entendendo que a originalidade desses sujeitos se constrói no debate ou no embate para existir, à procura de serem únicos no meio de uma multiplicidade de demandas e de influências. Poder dar suporte ao desejo das experimentações adolescentes, tentando entender os sentidos que elas têm, assim como, ao mesmo tempo, poder auxiliá-los a encontrar vínculos institucionais e outros que lhes deem suportes não repressivos são tarefas de todo profissional que trabalha com esses jovens. A qualidade do vínculo reflete diretamente na construção do reconhecimento (Gutton, 2007). É importante tornar-se adolescente ou jovem adulto, sustentando o desejo da afirmação da diferença, mas tendo o sentimento que, como indivíduo, tem-se o direito de existir. Trabalhar para que os adolescentes possam vivenciar esse reconhecimento cidadão se inscreve em uma perspectiva de ajudá-los a forjar vínculos que os reconheçam positivamente.

REFERÊNCIAS BIBLIOGRÁFICAS

ANZIEU, D. *Le moi-peau*. Paris: Dunod, 1985.
BIRMAN, J. *Mal-estar na atualidade*. Rio de Janeiro: Civilização Brasileira, 1999.
BORDET, J. "Modes de socialisation des adolescents des cites et leurs rapports a la legalite". *Revue Adolescence*, Paris, L'Esprit du Temps, n. 59, p. 35-44, 2007.
_____. "A evolução das concepções sobre a adolescência e os dilemas conceituais contemporâneos". In: *Seminário Internacional sobre Adolescentes, Clínica e Cultura*, 1, maio 2008, Brasília, UnB.
CARRETEIRO, T. C. "Perspectivas da cidadania brasileira: entre a lógica do direito, do favor e da violência". In: GARCIA DE ARAUJO, J. N.; CARRETEIRO, T. C. (orgs.). *Cenários sociais e abordagem clínica*. São Paulo: Escuta, 2001, p. 155-68.
CARRETEIRO, T. C.; UDE, W. "Juventude e virilidade: a construção social do etos guerreiro". *Pulsional, Revista de Psicanálise*, São Paulo, Escuta, n. 191, p. 63-73, 2007.
CASTEL, R. *Les metamorphoses de la question sociale*. Paris: Fayard, 1995.
DEJOURS, C. *Travail et usure mentale*. Paris: Centurion, 1980.
ENRIQUEZ, E. *Les figures du maître*. Paris: Arcantere, 1999.
FOUCAULT, M. *Vigiar e punir*. Trad. L. M. P. Vassalo. Rio de Janeiro: Vozes, 1991.
GARCIA CASTRO, M.; ABRAMOVAY. M.; SILVA, B. *Juventudes e sexualidade*. Brasília: Unesco, 2004.
GUTTON, P. "Originalité et bourgeoisie". *Revue Adolescence*, Paris, L'Esprit du Temps, n. 59, p. 19-26, 2007.
JEAMMET, P. *Pour nos ados, soyons adultes*. Paris: Odile Jacob, 2008.
PENSO, M.A.; COSTA, L. F. (orgs.) *A transmissão geracional em diferentes contextos: da pesquisa à intervenção*. São Paulo: Summus, 2008.

Rocha Mattos, A.; Rabello de Castro, L. "Ser livre para consumir ou consumir para ser livre". *Psicologia em Revista*, v. 14, n. 1, 2008, p. 151-70.

Sudbrack, M. F. O. "Le Projet Phenix: une demarche collective de protection des adolescents par une mobilisation des ressources familiales et institutionnelles". *Revue Adolescence*, Paris, L'Esprit du Temps, n. 59, p. 73-86, 2007.

2. Competência cultural: um aspecto da clínica

HELOISA JUNQUEIRA FLEURY
MARIA CECILIA OROZCO LOPEZ

INTRODUÇÃO

AO LONGO DA HISTÓRIA da psicologia, cada teoria caracterizou-se por uma maneira própria de compreender o comportamento humano, o que determinou referenciais específicos para o diagnóstico psicopatológico e, consequentemente, para o tratamento clínico. Esses fundamentos teórico-metodológicos eram considerados aplicáveis a qualquer cultura. No entanto, os efeitos da globalização, da escassez de alimentos, das inovações tecnológicas e da crise econômica na população mundial passaram a estimular ainda mais os movimentos migratórios. Com isso, as diferenças culturais, étnicas e linguísticas foram se tornando cada vez maiores. Esse contexto tem estimulado importantes reflexões sobre o impacto da diversidade cultural na atuação do profissional da saúde, além de questionar a real abrangência de uma única teoria na compreensão das múltiplas influências vivenciadas por esse cliente.

No Brasil, as migrações iniciaram-se com o processo de colonização do país, seguidas alguns séculos depois pelo longo período da escravidão. O forte estímulo à vinda de estrangeiros, principalmente de europeus e asiáticos, tanto após a abolição como também depois da Primeira Guerra Mundial, colaborou para uma ainda maior diversidade cultural da população. Considerando-se a grandeza territorial do Brasil, o maior contingente de imigrantes europeus no Sul ainda gerou diferenças entre a população do norte e do sul do país. Cada cultura reage de uma maneira própria a essas experiências, o que acarreta reflexos na sua organização social. No Brasil, por exemplo, a escravidão influenciou no padrão de convivência entre negros e brancos. Rodrigues e colegas (2008) relembram que os brancos vieram por escolha própria, enquanto os negros foram forçados. Mesmo com essa característica, predominou um processo de miscigenação étnica, que pode tanto ter levado a uma negação do trauma da escravidão, como pode também ter facilitado a superação do enorme impacto dessa experiência, levando ao desenvolvimento de traços próprios do povo brasileiro, muitos deles cantados em prosa e verso. No entanto, após o fim da escravidão, ex-escravos e seus descendentes não contaram com os mecanismos necessários para sua emancipação, acesso a bens, educação, oportunidades etc., e isso reflete atualmente na experiência cultural dessa parcela da população.

Estudos sobre a experiência da escravidão nos Estados Unidos apontam para os impactos negativos na autoestima dos afro--americanos, além de alterações na estrutura familiar, causados pela imposição de um sistema patológico de organização social, o que resultou em desorganização e em luta constante pela sobrevivência e estabilidade. Alguns conseguiram superar essas condições desfavoráveis, desenvolvendo novos recursos por meio da força de vontade, da valorização dos laços afetivos, da força de espírito e espiritualidade, além do apoio multigeracional (Sue e Sue, 2008).

Em discussões ocorridas num grande grupo virtual (lista de discussão pela internet), promovidas pela Seção Transcultural da International Association for Group Psychotherapy and Group Processes (IAGP), participantes de diversos países têm abordado sob novas perspectivas a transmissão do trauma social e cultural decorrente de grandes tragédias da humanidade, como o holocausto, as violências ocorridas durante o processo de colonização na Austrália e Nova Zelândia etc. Não é objetivo deste texto abordar o tema sob esse ângulo, mas apenas apontar que novos referenciais para a compreensão de processos inconscientes de transmissão de experiências culturais estão sendo desenvolvidos, confirmando a importância dessa dimensão no trabalho com qualquer população.

No encontro de duas culturas diferentes, pode ocorrer um processo de aculturação ou um de transculturação, no qual uma pessoa, uma família, um grupo ou uma comunidade são influenciados pela imersão na nova cultura. Essa experiência pode causar desajustes emocionais e de identidade. Na aculturação, embora haja troca com a cultura anfitriã, a identidade do grupo cultural é mantida. Por sua vez, na transculturação, elementos da cultura anfitriã são abandonados e outros são incorporados, provocando grandes transformações na vida (Orozco, 2005).

No Brasil, esse fenômeno de troca cultural iniciou-se com a chegada dos colonizadores e hoje tem sido observado principalmente em famílias que passam a residir em nosso país, geralmente por razões ligadas ao trabalho. Nesses casos, o profissional da saúde mental deve estar atento aos traços característicos dessa experiência, identificando tanto os processos individuais, como também a capacidade de adaptação a eles. Ele deve evitar uma perspectiva monocultural, que dificulta compreender a visão de mundo do cliente, seus valores e diferenças culturais. Esse processo também ocorre em casamentos e em outras parcerias, inclusive profissionais, em que representantes de duas ou mais culturas precisam desenvolver mecanismos de adaptação às diferenças.

Numa perspectiva cultural, cabe ao profissional de saúde identificar seus sentimentos, pensamentos, características de seu ambiente, experiências de sua própria cultura que possam influenciar no relacionamento terapêutico. Deve evitar interpretações da realidade próprias do grupo cultural ou racial a que ele pertence, consciente dos seus referenciais para avaliar a natureza das pessoas e os modelos de diferenciação da normalidade em relação ao desviante. A desatenção às diferenças culturais pode influir até mesmo na compreensão da origem das disfunções e no desenvolvimento de estratégias terapêuticas.

A DIVERSIDADE CULTURAL NA CLÍNICA SOCIAL CONTEMPORÂNEA

UM DOS PRINCIPAIS FATORES determinantes de diferenças culturais foi o aumento da migração interna. Circunstâncias adversas, acrescidas aos programas nacionais deficientes em ações voltadas para a autossustentabilidade, colaboraram para esse aumento, fazendo que grandes parcelas da população passassem a constituir comunidades diferenciadas culturalmente em seu próprio país, mesmo que facilmente identificados como brasileiros e falando o mesmo idioma. As diferenças culturais também estão relacionadas ao menor acesso a bens de consumo e oportunidades. Nesses casos, o foco principal deixa de ser a identidade étnica e passa a ser o nível de aculturação ou o modelo de adaptação que melhor exemplifica a experiência dessas comunidades.

Lecca e colegas (1998) identificam cinco formas de aculturação nas minorias norte-americanas: 1) tradicional (manutenção da cultura original); 2) assimilação (identificação com a cultura dominante); 3) bicultural (identificação tanto com a original como com a adotada); 4) marginalidade (rejeição das duas identidades); e 5) transicional (em transição, são bilíngues, mas questionam valores tradicionais e religião).

No Brasil, essas comunidades migrantes sofrem um processo de aculturação por assimilação, com identificação e absorção de novos modelos, geralmente acompanhados pela perda das raízes de sua própria cultura. A Organização Mundial de Saúde (*apud* van Ommeren *et al.*, 2005) afirma que, em crises humanitárias, as intervenções devem abordar principalmente o domínio social, mais especificamente as necessidades coletivas em reconstrução, tais como incentivo a iniciativas empresariais, identificação de grupos de apoio na comunidade, reconstrução de infraestrutura para a saúde pública, desenvolvimento de mecanismos que garantam justiça etc.

Embora a situação das comunidades brasileiras não possa ser caracterizada como de crise humanitária, elas sofrem consequências muito semelhantes, inclusive pelo fato de apresentarem maior necessidade de sustentação social e comunitária do que atenção à dimensão psicológica, objeto das intervenções clínicas tradicionais. Um dos principais riscos para o profissional de saúde mental diante de uma população oprimida é ter bloqueada sua habilidade para ouvir situações relativas a essa opressão, uma vez que profundas emoções associadas à raça, cultura, gênero e outras diferenças sociodemográficas tendem a não ser abertamente discutidas. Supondo que o profissional esteja inserido no grupo predominante, pode encontrar mais dificuldade para reconhecer a angústia, a dor e a desconfiança, sentimentos característicos de grupos minoritários que vivenciam opressão de gênero, raça, cultura, orientação sexual etc. Assim, deve cuidar para que o espaço terapêutico valide as diferenças, distinguindo problemas intrapsíquicos daqueles próprios da opressão (*idem*). Sue e Sue (2008) atribuem a alta taxa de abandono de atendimentos psicológicos verificada entre indivíduos de grupos minoritários a uma possível inabilidade do profissional para avaliar com precisão a identidade cultural do cliente. Nesses casos, faltaria um atendimento sensível aos valores e às características próprias do processo de aculturação em que o indivíduo, a família e, muitas vezes, todo o grupo estão mergulhados. Nessas comunidades brasileiras, o modelo clínico tradicional pode ser pouco eficaz, cabendo preferencialmente a clínica social.

Opressão cultural, segundo Sue e Sue (2008), é a imposição de padrões próprios por um profissional de saúde, sem considerar raça, cultura, gênero e orientação sexual do cliente, mesmo que isso ocorra não intencionalmente. No Brasil, podemos acrescentar a possibilidade de opressão quando diferenças socioeconômicas não são consideradas.

O psicólogo clínico, quando não preparado para identificar tal dimensão cultural, mesmo dominando os fundamentos teóricos de sua abordagem, corre o risco de invalidar algumas das experiências de vida desse cliente, ou até mesmo de diagnosticar valores culturais e diferenças como desviante ou patológico. Essas limitações impedem um serviço mais apropriado culturalmente, ou seja, ele pode estar impondo valores da cultura dominante. Uma intervenção dessa natureza pode ser prejudicial para grupos culturalmente diversos, mesmo quando essas diferenças sejam provocadas por uma dimensão social e/ou financeira. Essas constatações levaram à proposição de referenciais para uma nova modalidade de clínica, com um foco maior na identidade cultural do cliente, consequentemente mais aberto à integração de diferentes teorias.

COMPETÊNCIA CULTURAL

CULTURA PODE SER IDENTIFICADA numa dimensão objetiva, como a arte, literatura etc., e numa dimensão subjetiva, relativa a valores, crenças, atitudes, comportamentos, padrões de verbalização e maneirismos. A cultura subjetiva, mais do que ser atribuída a características pessoais, tem uma origem política e social (Purnell e Paulanka, 2008). Em nossa experiência com pessoas, famílias e grupos multiculturais, observamos que essa dimensão subjetiva precisa ser considerada para uma abordagem integrada de elementos próprios da diversidade cultural.

O conceito de competência cultural tornou-se popular na década de 1990. Caracterizou-se como uma nova concepção de prática profissional, na qual o encontro terapêutico torna-se um espaço aberto, com flexibilidade, assim como estão presentes a capacidade de adaptação e a disponibilidade para a aquisição de novos conhecimentos por parte dos clientes e do próprio terapeuta.

Papadopoulos (2006, p. 10) definiu competência cultural como "a capacidade de prover os cuidados da saúde mental, considerando as crenças das pessoas, os seus comportamentos e as suas necessidades". Sue e Sue (2008) a caracterizam por três elementos básicos: autoconsciência (identificação pelo terapeuta de sua própria herança cultural e de como ela afeta os seus clientes), conhecimento (reconhecimento da percepção de mundo própria de cada cliente) e habilidades (desenvolvimento de estratégias de intervenção e destreza para o trabalho com o cliente culturalmente diverso).

Desses três elementos, Sue e Sue (2008) enfatizam a relevância da autoconsciência do profissional sobre suas características – adquirida por meio de um processo cognitivo e emocional de busca de sua personalidade, seus valores, suas crenças, suas referências para o conhecimento profissional, sua ética –, assim como sobre o impacto desses fatores nos papéis que ele próprio desempenha em relação a pessoas de culturas distintas.

Uma referência sistematizada para a identificação da cultura do indivíduo, do grupo ou da comunidade em atendimento é o Modelo Purnell para a Competência Cultural (Purnell e Paulanka, 2008). Baseia-se nas necessidades atuais da etnocultura e considera que os conhecimentos de cultura em geral e de culturas específicas são pré-requisitos para a atuação profissional na saúde mental. Para garantir a atenção à identidade cultural, recomenda a coparticipação do cliente na definição de metas e intervenções, assim como a valorização do seu modelo cultural, com valores e estilos de vida próprios. Tem como pressuposto que a consciência cultural estimula a autoconsciência dos profissionais da saúde.

Esse modelo integra conceitos multidisciplinares na definição do conceito de saúde integral. Permite uma visão ampliada do indivíduo e dos diferentes contextos que o influenciam. Considera o indivíduo um ser biopsicossociocultural, continuamente adaptando-se à sua comunidade. Esse processo pode ser biológico ou fisiológico, com o envelhecimento; psicológico, nos relacionamentos sociais e diante do estresse; social, na interação com a comunidade em transformação; e etnocultural, na inserção com a sociedade.

Na avaliação das características etnoculturais de um indivíduo, família ou grupo em atendimento, Purnell e Paulanka (2008) sugerem uma cuidadosa investigação de características e diferenciais culturais em quatro contextos: individual, familiar, comunitário e social em geral. Tal pesquisa aborda doze domínios culturais: visão geral do local de origem; diferenças linguísticas e padrões culturais de comunicação; características dos papéis e da organização familiar (questões de gênero, comportamentos proibidos e valorizados, estilos de vida alternativos); trabalho; ecologia biocultural; comportamentos de autorrisco; práticas alimentares; gravidez e práticas para cuidar de crianças; rituais relacionados à morte; espiritualidade e práticas religiosas; práticas de atendimento à saúde e aquelas relacionadas ao relacionamento com profissionais da saúde. Esse modelo tornou-se uma referência de abordagem holística do ser humano e é aplicável a qualquer cultura, principalmente nos contextos socioterapêutico e socioeducacional.

Intervenções psicoeducativas têm sido consideradas um recurso eficaz para o manejo da saúde na transculturação. São métodos de aprendizagem que tratam dos contextos biológico, psicológico, social, cultural e espiritual. Na experiência de Akhtar (1999), elas apresentam bons resultados com populações migrantes, por sua eficácia na autoexploração do cliente e no desenvolvimento de sua identidade, atuando em suas realidades tanto externas como internas.

A COMPETÊNCIA CULTURAL NA CLÍNICA DO ADOLESCENTE E DA FAMÍLIA

Grandesso (2006) atribui as importantes alterações na prática clínica contemporânea à mudança paradigmática da modernidade para a pós-modernidade. Na discussão das implicações dessas mudanças para a terapia familiar e comunitária, ressalta a função generativa da linguagem na construção de significados, organizados em narrativas dinâmicas, abertas a contínuas mudanças. Essa perspectiva sistêmica valoriza todos os contextos, inclusive o cultural. Apesar de que não pretendemos abordar aqui as questões emocionais próprias da adolescência, objeto de extensivos estudos em diversas áreas. Optamos por exemplificar a diversidade cultural no que diz respeito à violência juvenil.

Violência envolve desde intimidação e ameaça até violência intencional, em situações específicas. Edberg (2007) associa o início da maioria dos atos de violência ao período coincidente com a adolescência, entre os 12 e 20 anos. Identifica como fatores de risco: conflitos e violência familiar, ausência de modelo para papéis positivos, ter sido vítima ou ter testemunhado violência, pobreza, moradia em local com alta taxa de criminalidade e de fácil acesso a armas, normas sociais que apoiam a violência etc. Embora esse autor enumere todos esses itens, ele relata que podem ser minimizados com a presença de fatores de proteção, tais como um adulto presente e interessado no jovem, bom contato com a escola ou com outros jovens que não estejam envolvidos com violência. Edberg evidencia, portanto, que aspectos relacionados à inserção desse jovem em relações sociais significativas podem minimizar uma condição desfavorável dessa natureza.

Muitos são os modelos para compreensão do comportamento violento, envolvendo aspectos sociais e culturais. Um dos elementos da competência cultural refere-se a conhecimentos específicos para a identificação da visão de mundo do jovem. Compreender o contexto em que está inserido, assim como ter maior consciência das diferenças no âmbito cultural, é condição indispensável para um relacionamento de igualdade no espaço terapêutico, seja ele na clínica tradicional ou na clínica social.

Quando um profissional assume uma atitude de neutralidade, capaz de adaptar-se às diferenças, seu comportamento evidencia a evolução do treinamento multicultural. Particularmente com adolescentes, a sensibilidade cultural promove um relacionamento mais empático com as diferenças (Purnell e Paulanka, 2008), adicionando valor e reconhecimento de outros comportamentos possivelmente desconhecidos. Essa flexibilidade cultural facilita que o cliente sinta-se compreendido e, mesmo havendo diferenças, sinta-se "incluído".

Nesse sentido, a competência cultural pode ser conceituada como o desenvolvimento do potencial do terapeuta, tanto como profissional como também do ser humano, dentro e fora do espaço terapêutico, para trabalhar com clientes multiculturais, podendo assumir um enfoque holístico e personalizado na terapia.

Com essas novas perspectivas da saúde integral, caberá ao sistema de ensino implementar programas de educação continuada para formar profissionais culturalmente competentes que se comprometam a cuidar dos clientes de modo holístico em suas comunidades, suas instituições ou seu consultório privado, para uma visão ampliada da saúde mental. Nesse paradigma, todos os sistemas que afetam o comportamento do adolescente e da família devem ser considerados, de acordo com as particularidades e valores de cada cultura.

Nas intervenções preventivas e terapêuticas na área da saúde psicossocial, o profissional culturalmente competente diferencia comportamentos disfuncionais, próprios das desordens mentais, daqueles relacionados às experiências sociopolíticas do cliente. A autoconsciência, o conhecimento e as habilidades específicas do terapeuta darão forma a uma abordagem mais competente, personalizada, real, coerente e ética, tomando como principal referência uma perspectiva multicultural.

REFERÊNCIAS BIBLIOGRÁFICAS

AKHTAR, S. *Immigration and identity: turmoil, treatment, and transformation*. Nova Jersey: Jason Aronson, 1999.

EDBERG, M. *Essentials of health behavior: social and behavioral theory in public health*. Sudbury: Jones and Bartlett, 2007.

GRANDESSO, M. "Família e comunidade: trabalhando com sistemas na transformação social". In: FLEURY, H. J.; MARRA, M. M. (orgs.). *Práticas grupais contemporâneas: a brasilidade do psicodrama e de outras abordagens*. São Paulo: Ágora, 2006, p. 175-91.

LECCA, P. J.; QUERVALÚ, I.; NUNES, J.V.; GONZALES, H. F. *Cultural competency, in health, social and human services*. Nova York: Garland, 1998.

OROZCO, M. C. *Familia y transculturación*. Curitiba: mimeo, 2005.

PAPADOPOULOS, I. *Transcultural health and social care: development of culturally competent practitioners*. Filadélfia: Elsevier, 2006.

PURNELL, L.; PAULANKA, B. *Transcultural health care*. 3. ed. Filadélfia: Davis Company, 2008.

RODRIGUES, A.; ASSMAR, E. M. L.; JABLONSKI, B. *Psicologia social*. 26. ed. Petrópolis: Vozes, 2008.

SUE, D. W.; SUE, D. *Counseling the culturally diverse: theory and practice*. 5. ed. Hoboken: John Wiley, 2008.

VAN OMMEREN, M.; SAXENA, S.; SARACENO, B. *Mental and social health during and after acute emergencies: emerging consensus? Boletim da World Health Organization*. Jan. 2005; 83(1): 71-5.

3. Por uma clínica do social e da identidade contra a "ninguenidade"

FRANCISCO CATUNDA MARTINS

É SEMPRE BOM LEMBRAR que a clínica é uma atividade anterior à ciência moderna e à filosofia grega, e está presente em todos os grupos humanos. Ela se funda no *cuidado* (*Sorge*) com o outro e na cura deste. Mais especificamente, o termo "clínica" vem do grego *klinos*, que significa leito, local em que aquele que sofre ou está cansado descansa.

A clínica, em suas infinitas variedades é mundanizada, e não somente um produto de laboratório asséptico e de teorias abstratas desligadas da existência e da realidade cotidiana. Ela é vida e morte, traciona consigo uma estética do desagradável, com a qual nós, clínicos, escolhemos lidar. A clínica é uma atividade do *ser com* (*mitsein*) o outro e nos envolve totalmente. Enquanto resistia a um câncer que dilacerava sua mandíbula, Freud (1930, p. 95) – já temeroso do crescimento nazista – afirmou sabiamente que os desejos humanos são interligados não só com o gozo da vida, mas também com a morte:

> O sofrimento nos ameaça de três direções: de nosso próprio corpo, condenado à decadência e à dissolução, e que nem mesmo pode dispensar a dor e a ansiedade como sinais de advertência; do mundo externo, que pode voltar-se contra nós com forças de destruição esmagadoras e impiedosas; e, finalmente, de nossos relacionamentos com os outros homens.

O fato de crermos em promessas e desejos – que vêm de nossa família, dos nossos arquiancestrais, do sonho do trabalho humano como redenção, da vontade de nos comunicarmos para sair da ilha que somos, da possibilidade de eventualmente termos um regozijo – talvez faça que muitos de nós acreditemos na vida, e não na morte. Não somente a religião fornece promessas para apaziguar os homens em seus desejos insatisfeitos. O trabalho também o faz. Até aquele que nem sempre é visto como labor, mas tão somente como lazer: o futebol profissional. Toda semana ele renova e aliena aqueles que desconhecem o seu poder opiáceo. Mas quem pode se opor a uma atividade que emprega 25 mil trabalhadores brasileiros no exterior, constitui parte dos sonhos de migrantes pobres, os quais podem dispor de sua força de trabalho a serviço de uma habilidade prazerosa? Quem pode ser contra o futebol que fornece meios de escalada social? Quem duvida que os sermões do padre Antônio Vieira não visassem empoderar (*to empower*) o povo desvalido? O religioso mostrava a dura realidade da limitação impingida, e também autoaplicada, às classes servis, com "duas classes antagônicas, os senhores e os escravos; ele e vós" (*apud* Bosi, 2006, p. 144):

> Eles mandam e vós servis; eles dormem e vós velais; eles descansam, e vós trabalhais; eles gozam o fruto de vossos trabalhos, e o que vós colheis deles é um trabalho sobre outro. Não há trabalhos mais doces que o das vossas oficinas; mas toda essa doçura para quem é? Sois como abelhas, de quem disse o poeta. *Sic vos non vobis mellificatis apes.* O mesmo passa em vossas colmeias. As abelhas fabricam o mel, sim: mas não para si.

Marx (1843, p. 77) diria, dois séculos depois: "Por certo, o trabalho humano produz maravilhas para os ricos, mas produz privação para o trabalhador. Ele produz palácios, mas choupanas é o que toca ao trabalhador. Ele produz beleza, porém para o trabalhador só fealdade".

Quem duvida – *mutatis mutandis*, guardando a diferença de estatura literária e de contexto – do que o futebol fez pelos pobres brasileiros? Quem duvida de que milhares de pessoas tiraram proveito de uma atividade esportiva e laboral, central na identidade nacional? Por que essas supostas ilusões se efetivaram no mundo simbólico de cada um de nós? E, se não transformaram o real concreto, mudaram a ideologia e empoderaram minimamente quem só era Zé-Ninguém? Pensamos aqui que uma atividade tão brasileira como o futebol é muito mais que uma ilusão criada no seio da família, na mídia, em um processo totalmente intrincado e insondável. Mais cedo ou mais tarde, os homens se veem em face de sua insignificância e de seu desamparo. Isso ocorria de maneira precoce no Brasil passado e também se dá no presente, por conta da apresentação da realidade hostil.

> Estarão na mesma posição de uma criança que abandonou a casa paterna, onde se achava tão bem instalada e tão confortável. Mas não há dúvida de que o infantilismo está destinado a ser superado. Os homens não podem permanecer crianças para sempre; têm de, por fim, sair para a "vida hostil". Podemos chamar isso de "educação para a realidade". (Freud, 1927, p. 35)

Freud fala da casa paterna. De um *pater potestas* vienense ou europeu, ou mesmo americano, certamente já bem aburguesado. Um escravo, um filho de escravo ou mesmo um ex-escravo tinha casa no Brasil? Sem orgulho, reivindicamos uma realidade infantil mais destrutiva: nem sempre nossas crianças têm um *pater potestas*.

É bom lembrar que muitos escravos, logo depois de ser liberados do cativeiro, foram ajuntados em meio à massa pobre disponível para fazer a guerra contra Antônio Conselheiro. Finda a batalha de Canudos, alguns desses que se expuseram tremendamente para vencer o conflito descobriram que nem mais tinham onde morar. Autorizados pelo Ministério da Guerra, foram para uma encosta, o Morro da Providência, no Rio de Janeiro. Lá encontraram uma árvore que produzia favas (*Jatropha phyllacantha*), semelhante a que, em Canudos, dera origem ao Monte da Favela. Então, batizaram a nova morada e assim se formou a primeira favela, dizem lendariamente.

Se compararmos essa realidade com a habitação europeia, mesmo com todas as guerras que por lá ocorriam, veremos que o Novo Continente nunca foi continente para seus desvalidos. Ao contrário, o "pai" senhor-proprietário os jogou no mercado "livre", expostos às intempéries da vida social selvagem e aos dissabores da natureza. Foram condenados a nunca ser crianças no sentido formal e clássico de Viena do final século XIX. Há meninos aqui que não são como os de lá. Pelo menos na questão do pai. Os meninos de rua não são de ninguém, pertencem a quem? À rua? Pior ainda, pertencem àquilo que Freud chamou de "vida hostil", mas já na tenra infância. Ainda que o arcabouço e as regras da Lei simbólica estejam presentes, elas não se efetivam, preparando-os para a vida dita civilizada. Ainda que haja pais imaginários – Deus, uma alma caridosa, uma ação protetora do Estado –, o comum na pobreza é bem cedo a criança se expor às agruras da "vida hostil". Do real angustiante fica mais difícil apontar, mas está em toda parte: na morte precoce, no aleijamento das possibilidades de gozar a vida mais plenamente pela pura falta de acesso ao comum.

Assim, acompanhamos Darcy Ribeiro (2002) acerca da "ninguenidade". Esse termo maravilhoso aponta a rasura do existir dessa massa liberta do cativeiro, que não podia exercer sua liberdade simplesmente porque não lhe deram previamente as condições para tanto, mas também podia tentar colocar em marcha um sonho partilhado com seus iguais. Crianças forcluídas no seu devir como cidadãos, sem a chance de se prepararem minimamente, o não acontecer de se inserirem na rede infinita de poder e de *semiosis*: então esse *infans* (o que não fala) ficará eternamente infantil, não emergirá o sujeito societário, arriscando seu vir a ser. Aparecem alguéns, sentindo-se ninguéns e sem referentes estáveis na lei e na história. A existência não é dada tão somente, na maioria das vezes temos de exercê-la, tomando-a ativamente no amar, no trabalhar e nas demais atividades que constituem o próprio vir a ser humano.

Retomando o exemplo do futebol, é desnecessário evidenciar biografias de grandes jogadores brasileiros da primeira metade do século XX e as graves dificuldades que passaram não só para sobreviver, mas para terem direito ao ganha-pão e ao respeito. A cidadania não lhes foi dada, mas sim conquistada pelo esforço de cada um. Essa não é a trajetória de Leônidas da Silva, Domingos da Guia, Gentil Cardoso, Zizinho, Fausto, Pelé, Garrincha, Romário e até do "Manteiga", este um tanto desconhecido, mas lembrado pelo episódio futebol-racismo presente nos idos de 1930?

A ironia fina, aquela que não ridiculariza o outro, é a mais alta figura de linguagem conquanto sirva para a sublimação de horrores que fizeram parte da nossa constituição como humano. Vejamos: um ex-jogador do América do Rio é transferido para o Fluminense, clube de elite no qual supõe-se que todos os jogadores seriam brancos. Manteiga empoa seu rosto, alisa o cabelo com brilhantina e inicia a partida contra seu antigo time. Metamorfoseia-se para o olhar de desejo suposto do outro. É apupado da arquibancada: "Pó de arroz! Pó de arroz!", várias vezes. A situação piora à medida que o suor passava não a disfarçar, mas sim revelar uma face empapada.

Segundo o jornalista Mário Filho, essa história se repetiu em vários jogos. Até que um dia o Fluminense entrou em campo e sua torcida exaltou o time com o grito "pó de arroz!", espalhando polvilho pelo ar do estádio. Esse movimento – de assimilar uma marca associada ao negativo, à cor negra e à vergonha neurótica encobridora do amor de seus pais, atingindo os negros, os humildes, o subdesenvolvido – é racista e, ao mesmo tempo, derrisório, uma vez que a torcida soube resolver esse assunto que era aparentemente só do Manteiga. Em vez de recusar transformar "pó de arroz" em símbolo, o termo é adotado como algo essencial, símbolo do grupo, estandarte em pó que não pode ser rejeitado.

Essa ironia fina se tornou uma quase constante contra a brutalidade racista e discriminatória: os flamenguistas adotaram o urubu, chamam-se até de urubuzada; os palmeirenses elegeram o porco; os corintianos vêm tentando adotar a acusação de gambá, mas não a assimilaram totalmente: podemos optar também por recusar e lutar contra uma marca que remanesce depreciativa.

A ascensão do negro no futebol não foi romântica nem instantânea. Foi fruto de muita luta e desembaraço de ideologias agressivas e deterioradoras dos mais pobres, em especial os negros. Os símbolos apontados mostram-se hoje emblemas de vitórias alcançadas e ultrapassadas. Colocou-se a representação somente no plano da ideia e de forma irônica. Que aguentem agora os gambás, os porcos, a urubuzada, os pós de arroz.

Igualmente podemos lembrar que todos os iniciantes do futebol profissional são crianças, em sua maioria púberes adolescendo, tentando a difícil inserção em um mercado de trabalho. Como um sujeito desejante pode se afirmar em um país no qual o analfabetismo e as leis só favorecem os mais providos? Bem cedo, o povo submetido sabe a dificuldade de ascender. O "você sabe com quem tá falando?" ou o "para os amigos tudo, para os inimigos o rigor da lei!" mostra a faceta mais cruel para quem se encontra na posição do vira-latas. Não ver a massa de prejudicados de nascença é tapar o sol com a peneira. A cada talentoso adolescente com a esperança de ser um craque, vemos o esforço desejante necessário para escalar barreiras, evitar guilhotinas e encontrar um nicho social que o permita existir. Como entender Garrincha, Djalma Santos, Edmundo, Romário sem isso do social, do grupo, da família, dos pais?

Talvez Paulo César Lima seja o jogador que, na década de 1970, mais atraiu a agressividade do grande público. Nascido numa favela do Rio de Janeiro, logo conheceu a realidade violenta. Descobriu a bola como brinquedo e foi adotado por uma família de classe média. Estudou pouco, mas logo juvenil era do Botafogo. Habilíssimo com a pelota e altivo no afrontamento com quem queria rebaixá-lo, seu comportamento – que beirava a prepotência – lhe servia para afrontar o racismo vigente: só gostava de louras, de carrões e apenas aceitava entrar no clube elitista pela porta da frente. Soube atravessar a barragem de fogo de coquetéis molotov de rejeições, acusações, inveja, difamação, projeções, ódio irracional, impedimento de entrar no clube pela porta da frente... Paulo César Lima. Caju – escolham: Caju ou Lima, para ele era indiferente – conhecia a maldade das palavras, das imagens que o descreviam como petulante, orgulhoso, pernóstico; mas ele acreditava também na realidade da vida e de quanto o desejavam pelo seu futebol deslizante e perfurador. Dizer isso não diminui a dor e sofrimento desse homem que não soube ser um cínico deslavado, largando um sorriso de escárnio contra seus detratores. Caju não virou suco. Em geral, continuou a vida, com a pulsão o carregando em seu destino, sem se deixar engolir pelo demoníaco que o rondava. Cheirou dois apartamentos de luxo em cocaína e foi desbocado até não mais poder. Quando não pôde mais com a chamada carreira de drogado, vendo o bichão da morte lambendo-lhe o cotidiano, saiu da lua de mel com a coca, tornou-se comentarista e avaliador sagaz dos modernos tempos e do futebol. Fez tudo que é criticável e que pode levar alguém aos nossos gabinetes de psicanalistas, mas não detonou o núcleo daquilo que ele mais prezava, sabendo ou não: o "Eu sou assim".

Isso carreia não somente a sincronia do atual, mas uma história longa brasileira do que chamamos genericamente um colonizado. Claro que não é colonizado no sentido europeu. Quando dizemos que somos ainda colonizados, trata-se de um fato constatável na sinonímia falada, pouco erudita. Já vi brasileiro designar um proletário italiano de colonizado. É somente na clareza sinonímica que colonizado é interligado com a escravidão, é um vira-lata, um explorado.

Mas os fatos mostram que a mais-valia, a troca pouco favorável para o trabalhador que muito labora e ainda recebe a invectiva jocosa de que "para baiano todo dia é domingo", desconhecendo a verdade da sua carga horária efetiva. Sim, a colonização não tem mais o sentido originário, mas sim o de colonização no sofrimento do trabalho e na contínua colonização no sentido literal ideológico, inserindo-se nos nossos Super-Eus. Como defender-se e afirmar-se sem criar mais crueldade? Quiçá a frase de Wilson Baptista, cantada pelo poeta-sambista Paulinho da Viola, com a sua mansidão e percussão segura, tenha tirado um refrão bom e eficaz que habita nossa mente contra a maldição por não sermos aceitos por iniquidades: "Eu sou assim, quem quiser gostar de mim, eu sou assim [...]" (Paulinho da Viola e Wilson Batista, 1968).

O samba e o futebol forneceram identidade para o olhar não dos outros, mas do grupamento familiar e de nós mesmos, em especial de adolescente e carentes de um modelo e de ideais de matriarcas e patriarcas com histórias dignas para contar. O futebol, a capoeira, o samba, a reza, o carnaval, a quermesse de São João e outras manifestações populares foram exercidas pelo e para o prazer daqueles que o realizaram. Nem sempre o fizeram para o olho do outro estrangeiro. Oferecendo sua força de trabalho por quase nada, submetidos *ab ovo* a ser ninguém, forcluídos da palavra e do próprio corpo, pouco sobra como possibilidade de reverter um destino infeliz. Resta o corpo, mas mesmo ele é assenhoreado pelos outros interessados e também pelo Estado, nem sempre protetor.

A ideia de identidade como unidade estável contrasta com o conceito de inconsciente e do psiquismo dinâmico. Temos identidades nacionais construídas por alguns e assimiladas por muitos; e temos identidades sempre múltiplas em todos os países e todos os grupamentos. Tanto como harmonia ou como predicação estável acerca das somas de identificações imaginárias que nos conduzem, ambos os conceitos se veem confrontados com o dinamismo do inconsciente no psiquismo.

A identidade é o que nos diferencia uns dos outros: a questão da alteridade está na base do conceito, não se limita aos povos estrangeiros, mas também relaciona-se com os outros societários, os outros meus irmãos, o outro meu pai e a minha mãe e o seu objeto seio tomado como primeiro outro objeto de amor, desejo, uso até. A identidade nacional está profundamente ligada a uma reinterpretação do popular pelos grupos sociais e à própria construção do Estado brasileiro (Ortiz, 1985). Não existe, assim, uma identidade autêntica, mas uma pluralidade de identidades, construídas por diferentes grupos sociais em distintos momentos históricos. Duas dimensões: uma que se afirma no discurso externo e outra que se identifica com algo.

Essa questão de identidade – quem somos nós, quem sou eu, ou mesmo sua reversão, veja quem sou eu – é universal. Sem ela não haveria distinção entre mim e os outros, entre nós e o estrangeiro. O *Eu é um outro* quando levado ao pé da letra e em ato mostra a catástrofe psicótica que sobrepaira no humano.

Não obstante, nos pensamos como sendo um outro, nos imaginamos e nos apreciamos, bem ou mal. O diacriticismo está presente sempre nesse ato. O eu passa a ser pensado e constituído em processo no psiquismo. A identidade é produto também desse processo. Ela é moldada pelos conflitos determinantes da história e de cada povo, nação, grupamento, desde que o mundo começou a comerciar as relações de exploração que se desenvolveram ao longo dos últimos quatro séculos que destruíram civilizações e constituíram outras.

O Brasil se constituiu a ferro e fogo na escravidão indígena, na produção do pau-brasil, na escravidão negra produzindo açúcar como um ouro branco exportado para a Europa. Isso ainda que a boca da fornalha tenha destruído milhares de homens e enriquecidos uns poucos no Brasil – e outros mais graúdos na Inglaterra e Europa. O inconsciente desconhece a realidade, mas a consciência não pode se permitir o mesmo, sob pena de entregar a existência ao "mundo das trevas", como disse Freud em uma das suas metáforas acerca do inconsciente. Se não bastasse, ele mesmo teve de fugir do nazismo com ajuda dos amigos estrangeiros. Inocentes não podem ser *naives*, bobos, senão sua consciência servem para nada, a não ser para que a morte chegue mais cedo.

Ao mesmo tempo que existe essa luta retórica para tornar aceitável, "nosso", mesmo a mais absurda invectiva, há a luta efetiva na realidade. A vida envolvendo o acesso e o exercício do gozo, do amar, do trabalhar e do comunicar. No caso do futebol, é *vero* que somente uns poucos souberam lidar com a questão da mais-valia, com toda a ideologia presente opondo amadorismo e profissionalismo, mesmo porque pobres, como eles, não tinham como viver somente da recompensa amadorística, o chamado bicho, quase uma gorjeta. Essa groja, dinheiro daquele que só tinha que ser um *amador*, e não trabalhador. A mais-valia era, na época, toda dos clubes. Hoje, tem outro destino: o exterior, no sentido amplo. Sair da posição do que tudo dá e nada recebe, posição bem descrita pelo padre Antônio Vieira séculos antes, foi uma conquista árdua. Um feito que deve ser exaltado em cada lar, em cada criança, adolescente, adulto jovem e – por que não? – principalmente nos nossos parentes velhos, como lembrança permanente de certos mortos que não nos fazem esquecer a importância de uma identidade conquistada contra a realidade hostil.

REFERÊNCIAS BIBLIOGRÁFICAS

Bosi, Alfredo. *Dialética da colonização*. 5. ed. São Paulo: Companhia das Letras, 2006.

Filho, Mário. *O negro no futebol brasileiro*. Rio de Janeiro: Mauad, 2003.

Freud, Sigmund. "O futuro de uma ilusão" (1927). In: Freud, Sigmund. *Edição standard brasileira das obras psicológicas completas de Sigmund Freud*. Trad. Jayme Salomão. 2. ed. Rio de Janeiro: Imago, 1987, v. XXI.

_____. "O mal-estar da civilização" (1930). *Edição standard brasileira das obras psicológicas completas de Sigmund Freud*. Trad. Jayme Salomão. 2. ed. Rio de Janeiro: Imago, 1987, v. XXI.

HEIDEGGER, Martin. *Ser e tempo* (1927). Trad. Márcia de Sá Cavalcanti. Petrópolis: Vozes, 2006.

MARX, Karl. "Manuscritos econômicos e filosóficos" (1843). Trad. O. A. Velho. In: FROMM, Erich. *Conceito marxista do homem*. 8. ed. Rio de Janeiro: Zahar, 1983.

ORTIZ, Renato. *Cultura brasileira & identidade nacional*. São Paulo: Brasiliense, 1985.

RIBEIRO, Darcy. *O povo brasileiro*. São Paulo: Companhia das Letras, 2002.

PARTE II
A clínica da adolescência

4. A clínica do adolescente: recursos para a jornada exploratória

FLÁVIO LÔBO GUIMARÃES
LUCIANA MONTEIRO PESSINA

NO PRIMEIRO DIA DE AULA

NA REUNIÃO DE PROFESSORES, *antes do início do ano letivo, Júlio fora advertido por alguns colegas e funcionários de que se tratava de uma turma muito difícil: reclamavam de tudo, contestavam as regras, não respeitavam a autoridade do professor. Já desanimado e apreensivo, foi para a sala de aula conhecer a turma D, do 2º ano do ensino médio, ou a "turma encrenca", como fora apelidada. Ainda no corredor, os alunos que haviam chegado puxaram conversa, perguntaram sobre o semestre, como seriam as provas, os trabalhos etc. Dois deles falaram sobre o horário, disseram que tinham dificuldade de chegar cedo, se havia alguma flexibilidade... Júlio pensou: "Era só o que faltava! No primeiro dia, já querem moleza". Aquilo o deixou um pouco impaciente, e isso ficou visível para os alunos. Quase iniciou um discurso sobre a importância das aulas de literatura, de um mínimo de disciplina, da participação e do esforço do aluno. Ainda bem que se conteve: "Primeiro, conheça as pessoas, faça o vínculo. Só depois negocie as regras". Esse pensamento mudou o curso da primeira aula. Conheceu um pouco de cada aluno, suas preferências e expectativas. Chegaram até a falar sobre a fama de "turma encrenca" que eles tinham. Falaram até com alguma liberdade sobre sua relação com outras turmas, com professores e a diretoria. A conversa foi muito positiva, e Júlio chegou até a falar de sua apreensão no início da aula. No resto do ano, a turma seguiu com fama de encrenqueira, mas, para a surpresa de todos, o professor de literatura era quem melhor conseguia negociar com ela.*

Observando esse exemplo, vemos que o professor de literatura conseguiu uma mudança qualitativa no contato com os alunos a partir do momento em que voltou sua atenção para o jogo relacional que estava se estabelecendo logo no primeiro dia de aula. Já predisposto negativamente em relação a adolescentes que ainda não conhecia, viu-se seduzido pelas descrições que havia ouvido, e quase reagiu em função delas. Felizmente, a mudança de postura do professor possibilitou o início de seu vínculo com o grupo de alunos em uma situação que tem muito em comum com o que consideramos um contexto clínico.

O relato acima salienta a importância da atenção do profissional a si próprio e a diferença que isso faz no processo. Na clínica do adolescente, uma armadilha comum para os profissionais é deixar-se seduzir sobre os discursos acerca do adolescente, o que abre espaço para processos de rotulação, tão comuns quando jovens são tema de conversações (Boscolo *et al.*, 1993). Essas descrições são, em geral, ricas e se apresentam de forma atraente o bastante para poder turvar uma dimensão fundamental no contexto da terapia: a das relações (Guimarães, 2001). E nessa dimensão a pessoa do terapeuta está implicada de forma definitiva.

A perspectiva sistêmica, desde suas origens, sublinha a importância da atenção aos fenômenos relacionais. E o surgimento da Terapia Familiar Sistêmica constitui a resposta da técnica à preocupação dos terapeutas com esses fenômenos, que passavam a ser observados diretamente e tratados no momento em que ocorriam. Nos primórdios da terapia familiar, os profissionais centram foco no sistema familiar, suas características, suas relações. Em fase posterior, passam a se incluir na análise, abordando o que denominam "sistema terapêutico", que incorpora pessoas, relações, discursos e construções acerca da realidade. Essa visão flexibiliza o contexto da terapia e amplia as possibilidades de manejo de que dispõe o terapeuta em seu trabalho. Em outras palavras, a terapia de família não é a única maneira de trabalhar as relações. Compreendemos a clínica de modo amplo, razão pela qual adotamos a denominação "terapia sistêmica".

O objetivo deste presente capítulo é discutir o trabalho com adolescentes no contexto da clínica privada. Para isso, apresentaremos nossa visão sobre o jovem que vive essa faixa etária, a clínica voltada para essa realidade e o papel do terapeuta como alguém que estimula as competências individuais e familiares.

SOBRE A ADOLESCÊNCIA

COMPARTILHAMOS DA PERSPECTIVA que atribui à adolescência tarefas necessárias ao desenvolvimento do indivíduo em direção à vida adulta e que gravitam em torno de três temas fundamentais: identidade, individuação e sexualidade.

A *construção da identidade* abrange o caminho exploratório percorrido pelo jovem dessa faixa etária rumo ao que o define como uma pessoa única, singular. Paradoxalmente, envolve processos de identificação que asseguram seu pertencimento a grupos sociais. Muitos desses grupos são rigidamente definidos e delimitados por culturas que se manifestam por meio do modo de se vestir, falar, gostos musicais, hábitos, valores, ídolos e ideologia.

O processo de *separação-individuação* (Mahler, 1993) está relacionado ao ganho de autonomia em relação ao sistema familiar. Apesar de ter ligações com a construção da identidade, a individuação representa um processo distinto. Ocorre com a separação emocional que o adolescente faz em relação às figuras de maior influência sobre ele até então, seus pais.

A *sexualidade* não está dissociada dos outros dois temas e desafia o adolescente na relação com seu próprio corpo, que muda com a puberdade e torna mais explícita sua dimensão sexual. A relação com o outro, seja adolescente ou adulto, seja do mesmo sexo ou do sexo oposto, é, a partir de agora, inegavelmente mediada pela sexualidade.

OS JOVENS EXPLORADORES E A ESCURIDÃO

RODRIGO, 23, E CLÁUDIA, 19, *conseguiram uma manhã livre na quinta-feira e foram ao Buraco das Araras, uma caverna conhecida pelos jovens de Brasília, mas visitada apenas por quem tem coragem de descer os cerca de 80 metros de rapel e se esgueirar por túneis bastante escuros e apertados até chegar a uma galeria ampla e um lago que faz a comunicação com outros ambientes da caverna. Naquele dia, não havia ninguém por lá. Desligaram a lanterna: escuridão absoluta! Resolveram nadar. Rodrigo reacendeu a lanterna e a levou consigo, com o cuidado para que não se molhasse na água. No meio do caminho, distraiu-se, a lanterna mergulhou na água e não voltou a funcionar. Novamente a escuridão absoluta! Por sorte, havia outra lanterna dentro da mochila. "Vamos voltar para pegar." Mas então se deram conta: "Para que lado fica? Onde deixamos a mochila? Está escuro. Você se lembra?" Conseguiram achar uma rocha em que Cláudia se apoiou. Rodrigo pediu para que ficasse esperando e voltou para o que imaginava ser o lugar de onde vieram. Muitas horas se passaram até que Rodrigo conseguisse achar a mochila com a lanterna: errou a direção, nadou e nadou sem encontrar terra firme, quase se afogou, tateou no escuro. Mas se salvaram.*

A experiência de Rodrigo e Cláudia representa uma boa ilustração da forma como concebemos a fase da adolescência. Os três temas se apresentam para o adolescente como um amplo território a ser explorado. A multiplicidade de informações, a possibilidade de trocas afetivas e as constantes transformações caracterizam esse espaço, tornando-o fascinante. No entanto, essa exploração não se dá sem riscos. Jacques Selosse (1997) discute a conduta exploratória do adolescente, utilizando essa metáfora topológica para evidenciar a importância da regra e das margens na indicação de limites. É como se o território a ser explorado possuísse algumas demarcações: dentro das margens, fica o que está sob a influência da regra, o que é aceito; fora das margens, está o espaço onde não há referências, o que é fora da lei. Em uma sociedade, há sempre referenciais que sinalizam para os comportamentos que estão fora ou dentro das margens: leis, convenções e até a etiqueta social, por exemplo. A família pode ser compreendida como o microssistema em que muitos desses referenciais serão transmitidos aos filhos.

Os jovens aventureiros ignoraram as regras básicas de segurança para a exploração de cavernas, como a utilização de um cabo guia ou pelo menos três fontes de luz. Nesse caso, a colocação de um ponto fixo de luz (a lanterna reserva acesa) na margem do lago, enquanto eles nadavam, teria evitado o incidente. Na escuridão absoluta não se tem noção de distância ou direção, ainda mais em um terreno desconhecido. O ponto fixo de luz serve como referência na escuridão e dá a noção de deslocamento aos exploradores.

Tal procedimento poderia ter evitado o incidente de Rodrigo e Cláudia. Porém, essa "transgressão" é algo natural na adolescência, não apenas em explorações de cavernas: são comuns as visitas às margens e o afastamento em relação aos "pontos fixos de luz". E quando o jovem se distancia do terreno conhecido, afasta-se do que é familiar, adquire hábitos extravagantes, adota novas ideologias, procura informações, cultura e produtos identificados com o seu momento. Essa exploração é marcada pela volatilidade. As pessoas que convivem com o adolescente ficam perplexas frente à velocidade com que ele muda de opiniões, hábitos, ídolos, gostos.

A exploração da margem representa uma experiência fundamental para a construção de identidade, o ganho de autonomia e a socialização do adolescente. Mas não ocorre sem contradições ou sem inquietude. No sistema familiar, se o clima de adversidade entre pais e filhos não é superado, a angústia raramente é expressa. Em lugar disso, as duas gerações se ocupam em firmar posição, mostrando o quanto estão certas, o quanto a perspectiva da outra é equivocada. Muitas vezes, esse conflito é marcado pela agressividade. Em tais momentos, muitas famílias chegam com seus adolescentes ao consultório paralisadas, desgastadas por debates intermináveis, brigas e tentativas frustradas de negociação.

DE VOLTA AO BRASIL (PARTE I)

DE VOLTA AO BRASIL *após residir na Espanha por cerca de dois anos, a família Rodrigues chega à primeira sessão queixando-se do comportamento do segundo filho: pouco interesse pelos estudos, saídas frequentes, desrespeito ao horário combinado para retorno à casa, uso de maconha. Marcelo, 17, se defende dizendo que os pais exageram, que tem fumado pouca maconha e que, "[...] mesmo se estivesse fumando muito, isso não tem nada a ver". Desanimados, os pais relatam que ele faz parte de uma comunidade na internet pró-legalização da maconha e que seu uso era incrivelmente tolerado na cidade espanhola onde moraram. Gilson, 50, conta que tem se afastado de casa, pois tem medo de ceder às provocações do filho e voltar a agredi-lo no meio dessas intermináveis discussões.*

O desânimo dos pais e até o afastamento de Gilson evidenciam o desgaste que pode representar a tarefa de sustentar uma posição na convivência com adolescentes. A desistência por parte dos adultos pode representar o fim do ponto fixo de luz no território. Sem a referência, o adolescente perde a noção de direção e deslocamento em seu comportamento exploratório e corre o risco de adotar um comportamento desviante (Selosse, 1997), como a delinquência, o abuso de drogas e os comportamentos sexuais de risco.

Segundo Falceto (1996), a crise da adolescência não diz respeito a uma crise no desenvolvimento de um indivíduo, mas a uma confluência de crises, envolvendo vários elementos do sistema familiar. Dessa forma, identidade, individuação e sexualidade constituem temas que desafiam pais, irmãos, parentes e pessoas próximas. Muitas vezes, dificuldades vivenciadas pelo adolescente em algum desses temas refletem uma dificuldade do sistema em dar conta de tarefas fundamentais.

A INICIAÇÃO SEXUAL DE CLARA

JOANA, 41, TELEFONA *procurando terapia para a filha mais velha, Clara, 14. Está muito preocupada com a união da família, pois recentemente descobriram que a filha teve uma experiência sexual com um garoto mais velho, na última viagem de férias à cidade natal. Conta que o pai (Cleber, 47) está furioso com a filha e ameaça colocá-la em um colégio interno. Conta que tiveram uma educação muito tradicional. Têm medo de que a filha fique estigmatizada em sua cidade e que se torne uma mulher promíscua. Propomos uma primeira sessão em conjunto para decidirmos sobre a melhor forma de ajudar a família. Na primeira sessão, contam que são de uma cidade relativamente grande, no interior do Nordeste. Estão morando em Brasília há dois anos. Os pais têm saudades da terra natal, mas não as duas filhas, Clara, 14, e Júlia, 11, que estão adorando. Clara diz que a cidade tem muito mais opções para os adolescentes e que as pessoas são muito menos preconceituosas por aqui.*

O tema sexualidade constitui um desafio para todo o sistema familiar, gerando mudanças relacionais. O desenvolvimento físico do adolescente, mais especificamente o surgimento dos caracteres sexuais secundários, pode ocasionar distanciamento ou aproximação. O filho passa a ser "grande demais" para se colocar no colo. Na família de Clara, falou-se da dificuldade de Cleber com a filha adolescente. Antes carinhoso com a filha, tornou-se mais reservado, até que praticamente parou de ter contato físico com ela. Isso sugere que a conotação sexual era temida e inibiu a espontaneidade na relação entre pai e filha. Em algumas famílias, a questão de como orientar os filhos quanto à sexualidade representa um martírio para adultos que, até então, se achavam "bem-resolvidos".

A depender da temática apresentada e dos recursos do sistema familiar, diferentes padrões relacionais podem surgir e se cristalizar. É comum vermos no consultório pais que não toleram as constantes transformações apresentadas por um filho que se identifica, ora com uma maneira de ser, ora com outra completamente diferente. Outros se sentem enciumados e até ameaçados pelo novo ídolo de seu filho. Criticam um artista ou uma celebridade antes mesmo de procurar conhecê-la e ridicularizam a ideologia defendida pelo filho, que está aprendendo a firmar posição.

Isso muitas vezes amplia o fosso existente entre eles, intensificando a experiência do processo de individuação. O distanciamento do filho é interpretado pelos pais como abandono e vivenciado como luto. A mágoa pode dificultar que os pais permaneçam como referência de conduta ou porto seguro para o adolescente em seu processo de exploração. É por isso que a perspectiva sistêmica sublinha a dimensão essencialmente relacional do processo de individuação. Quem se separa, separa-se de algo ou de alguém.

O que desejamos mostrar é que a fase da adolescência é experienciada por toda a família, que possui um papel ativo para a solução de muitos dos desafios que lhe são apresentados. É por isso que defendemos a ampliação do foco do adolescente para seu contexto sociofamiliar, mesmo no cenário da psicoterapia individual.

SOBRE A TERAPIA COM ADOLESCENTES

PARA FALARMOS DA CLÍNICA da adolescência, precisamos tratar primeiramente da questão da demanda. Neuburger (1984) propõe que a demanda por um tratamento compõe-se de três elementos: sintoma, sofrimento e alegação (pedido). Segundo o autor, essa procura é devidamente formulada quando todos os elementos são expressos pelo mesmo indivíduo. Ou seja, uma pessoa recorre à terapia porque tem um problema (sintoma), e esse problema a incomoda (sofrimento) a ponto de ela tentar ajuda (pedido) com o objetivo de resolvê-lo. Mas na clínica da adolescência a confluência desses três elementos nem sempre é possível.

PERDIDO NO MEIO DO CAMINHO

DAVI, 19, CURSA SOCIOLOGIA *e parece pouco interessado nos estudos. Em dois anos, já corre o risco de jubilamento da universidade por faltas e reprovações. Sua mãe procura o terapeuta (pedido) dizendo que seu marido e ela estão muito preocupados (sofrimento) com o filho. Pelo telefone, a mãe diz que Davi está levando uma vida de rico: festas, viagens e vagabundagem. Conta que ele se ilude quanto ao futuro: quer ser músico ou escritor, mas não tem se aplicado para isso. Na primeira sessão, com a presença da mãe, Davi manifesta sua discordância. Admite que ainda não tem feito muito por sua carreira, mas alega que no Brasil não terá chance. Por isso, planeja viajar para a Europa, onde cursará uma boa universidade e terá espaço para ganhar dinheiro como músico. A mãe diz que gosta que o filho faça planos, mas não quer contribuir para sua viagem até que ele demonstre um mínimo de responsabilidade. As sessões individuais prosseguem com Davi, mas ele logo começa a faltar. Na última sessão em que comparece, confessa para o terapeuta que foi à terapia para "limpar a barra com os pais" e que não vê nada de errado em sua vida.*

No caso acima, podemos constatar que os elementos da demanda encontram-se dispersos. Davi apresenta um sintoma: não está avançando rumo a sua independência, rumo a sua individuação. No entanto, isso não o preocupa, ele não sofre com isso. Seus pais, sim, não suportam tal realidade, e a mãe formula o pedido de ajuda. Na clínica de adolescentes, a dispersão é comum, pois "a possibilidade de um sujeito expressar sua demanda é consequência de seu processo de individuação, sendo que tal expressão poderá realizar-se espontaneamente no grupo familiar ou ser favorecido por uma terapia" (Sudbrack e Doneda, 1992, p. 471).

É por isso que o processo terapêutico deve se ocupar inicialmente do tratamento da demanda, que visa possibilitar que o adolescente expresse uma necessidade própria e se torne sujeito de um pedido de mudança (Sudbrack e Doneda, 1992). No caso de Davi, o processo terapêutico se encerrou antes dessa possibilidade. Acreditamos que esse seja um dos principais motivos da evasão de adolescentes da terapia. Para que o trabalho seja possível, é necessário construir um projeto terapêutico que contemple a perspectiva do adolescente e não só a de seus pais ou do próprio terapeuta.

DE VOLTA AO BRASIL (PARTE II)

MARCELO, 17, QUE ATÉ ENTÃO *vinha adotando uma postura alheia às sessões, no terceiro encontro revela a sua mágoa do pai e o sentimento de que fora abandonado por ele a partir do momento em que apresentou dificuldades de adaptação no ensino médio. O terapeuta pede à família que escute em silêncio e conversa com o adolescente sobre aquele período de sua vida, procurando saber como ele se sentia na época. O pai (Gilson, 50) reage de forma muito emocionada e pede desculpas ao filho, dizendo que vinha se sentindo da mesma forma e não imaginava que seu filho pudesse se sentir assim. Marcelo se mostra surpreso com a reação de Gilson. Os dois combinam um programa que farão juntos, somente os dois. Marcelo, pela primeira vez, despede-se do terapeuta sorrindo.*

Nessa sessão, Marcelo encontrou um sentido para estar ali. O espaço de intimidade proporcionou a aproximação entre pai e filho. É interessante notar que a aproximação não se deu pela via do debate ou pela flexibilização das posições firmadas, mas pela expressão de conteúdos afetivos. Em outras palavras, a reaproximação momentânea entre pai e filho não significou que o conflito tenha acabado. Significou apenas que o debate de ideias pôde ser colocado entre parênteses, demonstrando que a diferença de opinião não necessariamente implica uma ruptura de relação.

Quando um membro da família se expressa em termos de seus sentimentos, permite ao outro entrar em contato com algo a que antes não tinha acesso. O que se processa nesses momentos são redefinições nos padrões relacionais e nas descrições acerca dos problemas, favorecendo a emergência de novas possibilidades (Diamond e Liddle, 1999).

O terapeuta possui um papel fundamental para favorecer esse tipo de conversação. Deve incentivar os discursos autorreferentes, baseados na experiência de cada um, procurando evitar o predomínio de discursos moralistas, que geram distanciamento entre a família e o adolescente (Guimarães *et al.*, 2008). A abertura de espaços para processos identificatórios permite que pais e filhos se vejam, apesar das diferentes opiniões, como "habitantes de um mesmo território". Os pais, no entanto, já fizeram sua exploração no passado e encontraram seu lugar. O filho está em período exploratório, procura o terreno em que se sinta confortável, pertencente.

Na clínica da adolescência, os pais frequentemente recorrem ao profissional para que ele se apresente como uma figura de referência para seu filho. São comuns frases como:

— *Sou divorciada, e o pai dele é muito ausente. Ele precisa de uma figura masculina, por isso procurei um terapeuta homem.*

Ou:

— *Ela não nos ouve, não aceita nada do que falamos. Paramos de conversar com ela porque cansamos de tantas brigas. Hoje ela faz o que quer, não perguntamos. Diminuímos a mesada, paramos de levar ou buscar em festas, mas ela sempre acaba conseguindo carona. Tem muitos amigos, mas não sabemos quem são. Estamos preocupados e precisamos de alguém que consiga conversar com ela, que mostre os perigos da vida.*

O terapeuta que se deixa seduzir por esses pedidos corre o risco de ser iatrogênico para o sistema familiar, solapando a competência da família para lidar com seus próprios desafios. Para que as regras sejam negociadas, é preciso assegurar o pertencimento do adolescente ao sistema familiar, mesmo com os sintomas apresentados por ele. Selosse (1997) atribui à relação social uma oportunidade de encontro com a regra. Nesse sentido, quando favorecemos o vínculo entre o adolescente e seus pais, garantimos que os últimos permaneçam como um referencial afetivo e de conduta para o jovem (Sudbrack et al., 2003). Em outras palavras, contribuímos para que os pais permaneçam na função de ponto fixo de luz, indicando para o jovem o quanto está se afastando e qual o caminho de volta, em caso de necessidade.

O processo de exploração de um novo território por parte do adolescente é fascinante e arriscado. Mas não pode deixar de ser empreendido, sob pena de que esse adolescente não cumpra as tarefas necessárias a seu desenvolvimento. A forma como a família participa dessa etapa pode contribuir tanto para que essa seja uma experiência positiva, quanto para que se transforme em um processo prejudicial.

Ao procurar garantir o vínculo de pertencimento do adolescente e resgatar as competências familiares, a terapia contribui para que todos percebam a importância do comportamento exploratório do adolescente, assim como do papel dos pais como referências. Quando os pais se dão conta de que ocupam um lugar fundamental na vida do adolescente, mesmo que este se ocupe de criticá-los ou rejeitá-los, torna-se mais fácil para eles exercerem seu papel. Quando o adolescente se dá conta de que os pais serão capazes de se manter em suas posições, sente-se mais seguro em sua exploração, pois é capaz de saber onde está, como e para onde voltar.

REFERÊNCIAS BIBLIOGRÁFICAS

Boscolo, L. et al. *A terapia familiar sistêmica de Milão: conversações sobre a teoria e prática*. Trad. C. A. Molina-Loza e C. Sutter. Porto Alegre: Artes Médicas, 1993.

Diamond, G. S.; Liddle, H. A. "Transforming negative parent-adolescent interactions: from impasse to dialogue". *Family Process Journal*, Nova York, v. 38, n. 1, 1999, p. 5-26.

Falceto, O. G. "Famílias com adolescentes: uma confluência de crises". In: Prado, L. C. (org.). *Famílias e terapeutas: construindo caminhos*. Porto Alegre: Artmed, 1996, p. 151-71.

Guimarães, F. L. *O problema é que esse garoto, desde pequeno...: construções narrativas acerca do adolescente no contexto de terapia familiar*. 2001. Dissertação (Mestrado em Psicologia) – Instituto de Psicologia, Universidade de Brasília, Brasília (DF).

Guimarães, F. L. et al. "Famílias, adolescência e drogadição". In: Osorio, L. C.; Valle, M. E. P. (orgs.). *Manual de terapia familiar*. Porto Alegre: Artmed, 2008.

Mahler, M. S.; Pine, F.; Bergman, A. *O nascimento psicológico da criança: simbiose e individuação*. Trad. J. A. Russo. Porto Alegre: Artmed, 1993.

Neuburger, R. *L'autre demande: psychanalyse et thérapie familiale systémique*. Paris: ESF, 1984.

Selosse, J. *Adolescence, violences et déviances (1952-1995)*. Vigneux: Matrice, 1997.

SUDBRACK, M. F. O. *et al.* (orgs.). *Adolescentes e drogas no contexto da Justiça*. Brasília: Plano, 2003.

SUDBRACK, M. F. O.; DONEDA, D. "Terapia familiar e adolescência: a contribuição da abordagem sistêmica para a construção de uma estratégia de acolhimento a jovens toxicômanos". *Psicologia: Teoria e Pesquisa*, v. 8, 1992, p. 469-74 (suplemento).

5. A escola como contexto complementar à clínica da adolescência

SANDRA ENI FERNANDES NUNES PEREIRA
MARIA FÁTIMA OLIVIER SUDBRACK

A EDUCAÇÃO É UM FENÔMENO complexo que se relaciona com todo o processo de formação do sujeito. Sua complexidade estende-se às diferentes influências sobre ele exercidas: família, escola, trabalho, grupos sociais, mídia e outras instituições. Neste capítulo, trataremos especificamente da influência da escola (em articulação com a família) como instituição fundamental para o processo educativo do adolescente e, portanto, como contexto complementar à clínica da adolescência.

A intenção é problematizar e aprofundar a reflexão teórica para uma compreensão mais ampla, diante da infinidade de situações vividas pelos diferentes atores implicados nesse contexto: alunos, familiares, professores, diretores, coordenadores e demais funcionários da instituição (todos, aqui, compreendidos como educadores). Queremos entender como essas situações se relacionam com as possibilidades de inserção do adolescente em situações de risco. Pretendemos, portanto, trazer instrumentos e informações que fomentem reflexão e debate acerca das atuais implicações da escola para o processo educativo do adolescente, como cumpridora e orientadora de programas e estruturas formais de ensino, assim como instituição de regulação, autoridade e proteção, procurando subsidiar futuras propostas de intervenção.

O EXERCÍCIO DA AUTORIDADE E DA PROTEÇÃO
NO PROCESSO EDUCATIVO DO ADOLESCENTE

AS PRIMEIRAS RELAÇÕES AFETIVAS que desenvolvemos ao longo da vida são responsáveis por nosso processo educativo. A palavra "educar" vem do latim *educare*, que significa, além de instrução, a ação de criar e de alimentar. A educação é necessária ao ser humano e compreende uma infinidade de ações que compõem o processo de formação da pessoa. Assumindo a perspectiva de Paulo Freire, compreende-se que educar significa participar de forma efetiva do processo de construção da subjetividade (valores, crenças, sentimentos, escolhas) do ser humano. Educar é problematizar; é despertar potencialidades; estimular reflexão e críticas acerca da realidade; possibilitar a ação, a criação, a construção da consciência e da autonomia, promovendo mudanças no sujeito e na realidade, ou seja, nas relações sociais. Assim, os educadores não são aqueles que transferem conhecimentos, mas todos os que criam as possibilidades para a sua própria produção ou construção (Freire, 1996; Romão, 2008).

Nessa perspectiva, percebe-se que o adolescente sente-se mais seguro e protegido quando, em tal processo educativo, há a internalização de limites e regras com base no exercício da autoridade para a convivência em sociedade. Essa função está relacionada com as interações que lembram e reforçam responsabilidades e papéis. Para que a criança e o adolescente se desenvolvam o autorrespeito e o respeito pelo outro, para que vivam como seres com responsabilidade social, ou seja, para que construam vínculos efetivos – construtivos, firmes e duradouros –, é preciso que as figuras e funções de proteção, de cuidado e de autoridade estejam presentes em sua vida (Sluzki, 1997; Pereira, 2009).

Na adolescência, estabelecer vínculos está intimamente relacionado com a procura de iguais. Os adolescentes precisam se aventurar fora de casa para se tornar mais autoconfiantes e autônomos. Porém, ao mesmo tempo que os adolescentes são influenciados pelos iguais e vivem um processo de separação emocional das figuras de autoridade, precisam da permissão e do encorajamento destas para se tornar mais responsáveis por si mesmos.

Os adolescentes almejam o controle sobre a tomada de decisões em sua vida. Começam a confrontar os valores transmitidos pelos pais e educadores com o que é experienciado no mundo novo que vêm conquistando. Por isso, é importante que esses valores tenham sido construídos efetivamente e internalizados pelos jovens. Assim, quando surgir o confronto com os novos valores e com a tentativa de obter autonomia, eles se sentirão responsáveis por suas escolhas – feitas com base em reflexões, e não de modo imediatista. Em outras palavras, crianças e adolescentes que crescem em um ambiente com regras claras, internalizando o interdito, geralmente são mais seguros e, ao vivenciarem momentos de conflito, estão mais preparados para enfrentá-los. Quando se defrontam com adversidades, também são mais hábeis para lidar com a frustração por se sentirem apoiados e terem desenvolvido recursos para superá-la. Compreendemos, então, que o exercício da função da autoridade na vida dos adolescentes os ajuda a ser criativos e a lidar, de modo mais tranquilo, com os imprevistos e as surpresas que a vida lhes apresentará.

Assim, a criatividade e a educação na adolescência articulam-se à noção de limite, de autoridade. O primeiro significa proteção: a criação de um espaço e o estabelecimento de um tempo sob proteção, no qual o adolescente possa exercer sua criatividade e espontaneidade sem receio ou riscos, tanto para si como para os outros (Outeiral, 2003). Os limites permitem ao adolescente exprimir e dominar sua agressividade natural; adquirir autoconfiança; assumir valores morais, responsabilidades; desenvolver o sentido do dever e das obrigações em relação ao outro (Bolle de Bal, 2001).

A "AUTORIDADE LÍQUIDA" NAS REDES TRADICIONAIS DE SOCIALIZAÇÃO

NAS RELAÇÕES EDUCATIVAS (família e escola), é possível o exercício da autoridade mesmo compreendendo que as relações de hierarquia devem ser construídas para que a educação se legitime. Nesse caso, exercer a autoridade refere-se à habilidade de estabelecer regras e valores, permitindo atos de negociação e neutralizando desvios de comportamento que se afastam das expectativas coletivas. Dessa forma, as figuras de autoridade (pais e professores) responsáveis pelo processo educativo infanto-juvenil representam não apenas a função de controle e regulação social, mas são importantes figuras de segurança e proteção. Possibilitam que o adolescente identifique e compreenda o poder que tem, que assuma responsabilidades diante dele e aprenda a organizá-lo subjetivamente (Pereira, 2009).

No contexto familiar, consideramos que os pais – os responsáveis pelo processo de filiação socioafetiva – são aqueles que se comprometem e se envolvem com seus filhos, exercendo as funções de autoridade, cuidado, sustento, atenção e proteção, independentemente de formalidades legais que regem as relações. Para que haja a materialização do vínculo filial, é preciso que os pais reconheçam seus filhos e que estes se sintam reconhecidos e seguros na relação. Do mesmo modo, por ser uma instituição responsável pelos processos de desenvolvimento educativo e afetivo da criança e do adolescente, a escola também dispõe de uma autoridade em continuação à autoridade da família: autoridade que deve ser legítima, com suas normas, regulamentos e proibições (Lévy, 2001).

Dessa forma, entendemos que a autoridade deve ser exercida tanto pela família quanto pela escola, ou seja, reconhecemos a família e a escola como duas instituições que regularmente participam da constituição da subjetividade da criança e do adolescente. As funções da família estão representadas na geração de um contexto estável, de apoio, de valorização e de estímulo ao bem-estar e à aprendizagem de todos os seus integrantes, principalmente dos filhos. Igualmente é função da escola promover um ambiente e práticas que facilitem a aprendizagem, a criatividade, a expressão dos potenciais, a socialização, por meio de uma conduta ética de respeito e apoio recíprocos (Dabas, 2005).

Porém, essa autoridade, seja nas relações tradicionais entre pais e filhos, seja naquelas entre professores e alunos, não se faz mais presente pela simples obediência como antes. E, apesar de ainda ser necessária e demandada pelos adolescentes em suas posições de filho ou aluno – mesmo implicando um novo modo de se fazer cumprir sua função –, ela vem falhando em algumas situações. Temos observado adolescentes encontrando dificuldades na construção de vínculos efetivos com as redes tradicionais responsáveis pelos processos educativos.

Como foi descrito anteriormente, durante o processo educativo, o adolescente "pede" limites e regras, "pede" o exercício da autoridade para ajudá-lo na organização de sua mente. Os adultos, por vezes, não colocam limites por não compreenderem a real importância que estes assumem na vida do adolescente; por se sentirem perdidos e impotentes na construção de valores e normas sociais; por não conseguirem atingir sozinhos um ponto de equilíbrio, de negociação no processo educativo, correndo o risco de assumir práticas ora rígidas demais, ora permissivas demais; ou mesmo porque estabelecer limites requer envolvimento, acessibilidade, responsabilidade e compromisso com o adolescente, exigindo tempo e disponibilidade por parte dos adultos, os quais nem sempre os têm. Além disso, implica suportar as reclamações do adolescente e sobreviver a elas, negociar com ele e, principalmente, enfrentar dificuldades – nesse último caso, mesmo porque os limites se contrapõem a funções promovidas e exigidas por outros contextos sociais (entre pares, pela mídia, em outras instituições), como a competitividade, a dominação, o risco, a lei do mais forte, do "pode-se tudo", o que leva à banalização da vida, à perda da solidariedade e consequentemente, à desvalorização do próximo (Pereira, 2009).

Observamos relações bastante fragilizadas na família e na escola quando analisadas a função da autoridade nessa fase do desenvolvimento humano. Encontramos uma "autoridade líquida", ou seja, que não se materializa, não se concretiza. Por isso, essas relações permanecem fluidas, instáveis, sem consistência; em alguns momentos, apresentam-se como "descartáveis" ou que "escorrem pelas mãos", num processo de perda constante da qualidade dos vínculos afetivos nestes grupos. Consequentemente, os adolescentes têm procurado outras vinculações que lhes possibilitem acesso à autoridade para seu desenvolvimento. E esse anseio por figuras alternativas de referência sólida de autoridade pode representar fator de risco para que eles se insiram no mundo das drogas e do tráfico.

PROCESSOS QUE DIFICULTAM O EXERCÍCIO DA AUTORIDADE E SUAS IMPLICAÇÕES

No que se refere ao processo de filiação socioafetiva dos adolescentes em contexto de vulnerabilidade social, consideramos que um dos motivos da deterioração e da fragilização dos vínculos entre pais e filhos é a intensa desqualificação social (Paugam, 1999) e os processos de desafiliação sofridos pelos pais – na família e na sociedade capitalista, de modo geral.

A pós-modernidade e seus novos valores têm dificultado os processos de reconhecimento que não ocorrem pela participação nos mercados de consumo, gerando a invisibilidade desses pais. Em famílias desassistidas ou que não são atingidas por programas sociais, os pais não são capazes de cumprir, de modo integral, com suas funções de principais agentes de socialização, mantenedores das condições gerais de sobrevivência e propiciadores de vínculo estável aos seus filhos (Ferrari e Kaloustian,

2004). Outro aspecto refere-se à história transgeracional: se são pais que tiveram seu próprio processo de filiação fragilizado, eles terão, consequentemente, dificuldades de reconhecer seus próprios filhos e de comprometer-se com eles, perpetuando o abandono e a falta de referencial de autoridade às gerações subsequentes (Penso *et al.*, 2004).

Assim, o avanço dos discursos da ciência e do capitalismo, bem como as dificuldades na história transgeracional familiar, implicaram um modo de enfraquecimento da autoridade tradicional na família – representada pelo pai –, em benefício do sujeito do consumo, liberado de suas referências e impulsionado à realização dos desejos. A figura do pai está sendo cada vez mais dispensada ou deixando-se dispensar. E a função transformadora da escola parece esquecida e velada diante das novas demandas da atualidade. Consequentemente, é negada aos adolescentes a possibilidade de pensar, de refletir, tornando-os uma simples mercadoria, objeto de consumo para um outro.

Assim, compreendemos que a autoridade líquida gera hostilidade e crítica destrutiva nos adolescentes. Se não há intervenções, ou se essas são punitivas, restritivas e/ou provocam instabilidade e desconfiança, estrutura-se uma relação de duplo vínculo, predominando o medo e a insegurança nas relações (Dabas, 2005). Se a flexibilidade não é efetivada, ou seja, se os desentendimentos e a falta de diálogo são constantes, esses podem estar revelando a impotência do sistema familiar e do escolar em estipular fronteiras e exercitar sua autoridade e alteridade (Minuchin, Colapinto e Minuchin, 1999).

Os filhos entendem a autoridade líquida no seu processo de filiação como abdicação parental: sentem-se abandonados afetivamente. Quando chegam à adolescência sem regras claras, sem referências maternas e paternas sólidas e coerentes, é natural que procurem, então, nos pares ou em outras figuras de autoridade (como as representadas pela escola) a segurança, o apoio, as regras não encontradas no seu primeiro grupo de pertencimento (a família). Porém, essa falta de referências primárias pode trazer insegurança aos adolescentes nesse processo de afiliação aos grupos de pertencimento secundário e acarretar dificuldades quando eles tiverem de lidar com as adversidades, as frustrações e as diferenças entre os vários membros dos grupos, o que os tornam mais vulneráveis ao envolvimento em situações de risco.

E se, mesmo nas relações com a escola, eles não encontram referências de autoridade que lhes possibilitem sentir segurança e desenvolver sua autonomia, isso também se torna um fator de risco para eles. Os adolescentes sentem também ali o abandono que os empurra para o progressivo fracasso e evasão escolar.

Alguns dos fatores observados em nossas pesquisas (Pereira, 2003; Pereira, 2009) que conduzem os adolescentes a esse processo de ruptura com a escola são: a falta de reconhecimento e proteção – ausência de figuras de autoridade que exerçam sua função de forma plena –; as crises e os conflitos de valores existentes entre a escola, a família e os alunos; a impossibilidade de os alunos questionarem, pensarem e construírem sua autonomia; o fato de encontrarem na instituição um sistema de forças que os vigiam, oprimem e punem, em alguns momentos – violência institucional (Lévy, 2001) –, mas são indiferentes em outros; e o fato de internalizarem um sentimento de incompetência ("de que não valem nada") (Gaulejac, 2006), que pode também estar sendo compartilhado pelos pais e professores, contribuindo para que se mantenham invisíveis socialmente.

Observamos que a trajetória percorrida pelos adolescentes em direção à desafiliação institucional (escola), portanto, está diretamente relacionada a essa invisibilidade social citada – refletida nas constantes injustiças sociais que eles sofrem, as mesmas que os impulsionam a procurar um espaço na sociedade de consumo. Os pais dirigem discursos contraditórios a seus filhos, pois, ao mesmo tempo que dizem desejar a permanência deles na escola, também cobram uma ocupação, argumentando a necessidade de auxílio no sustento familiar. Na perspectiva dos pais, trabalhar significa uma maneira de os filhos deixarem de ser "vagabundos" e invisíveis. E a própria escola impulsiona os adolescentes a deixá-la, quando desvaloriza a educação pública ou desacredita o potencial dos alunos. Desprotegida de políticas públicas que a fortaleçam no trabalho com adolescentes em contexto de vulnerabilidade social, os estabelecimentos de ensino se veem paralisados diante das adversidades e não sabem como proteger seus alunos.

Assim, os adolescentes passam a compreender que a escolarização não é mais suficiente para encontrar um bom emprego e participar da sociedade de consumo. Sentem que permanecerão em sua condição de seres invisíveis ou discriminados socialmente. Nesse sentido, o descrédito na escolarização pode conduzir os adolescentes ao desejo de inserção em contextos de risco como via possível de ascensão, *status* e, consequentemente, visibilidade social.

A ineficiência da função de autoridade pelos pais e educadores pode também instaurar uma fragilidade no processo socializador dos adolescentes e levá-los a cometer atos de violência. Isso porque, quando não encontram seus interlocutores nas instituições tradicionais de educação, ou seja, as figuras de autoridade responsáveis por integrá-los às normas estabelecidas quando as desafiam –, eles entendem que esta Lei existe apenas para reprimi-los e contê-los, mas não para protegê-los e ampará-los. Sendo assim, a Lei acaba, então, exercendo a função de marginalização e exclusão dos adolescentes.

No processo de construção identitária, se desafiam os limites na busca do interdito e não o encontram, eles podem passar da condição de jovens desafiadores e transgressores (curiosos por novas experiências) para a de desviantes. Nesse sentido, o desvio surge quando atividades represensíveis se consolidam como padrão de conduta nos adolescentes que não descobriram o aspecto protetor da lei e cuja articulação dos desejos e dos interditos não foi regulada ao longo da vida. Eles começam a desconsiderar o interdito e a substituí-lo pela lei do mais forte (de caráter destrutivo para si mesmos e para os outros) (Sudbrack, 2003; Selosse, 1997).

Todo adolescente é transgressor durante seu processo de individuação – representado na dialética entre o pertencimento e a separação, típica dessa fase do desenvolvimento. O problema aparece quando a transgressão não basta para concretizar esse processo, e o jovem é impelido ao desvio. O sofrimento gerado pela fragilidade dos vínculos pode levá-lo à descrença em si mesmo, à baixa autoestima, à negação do seu eu criativo, tornando-o frágil e ainda mais vulnerável ao envolvimento em situações de risco (como a inserção em gangues, grupos de pichação – que podemos denominar grupos de passagem ao desvio – ou mesmo nos grupos do tráfico de drogas).

Assim, percebemos o quanto a violência moral, simbólica e institucional sofrida pelos adolescentes os obriga a procurar em outros espaços o reconhecimento e o pertencimento que não encontram em seus primeiros grupos de socialização (família e escola). Nesse movimento de procura pelo pertencimento, envolvem-se em situações de risco e transgressões sucessivas. Nem chegam a se vincular ou interrompem os grupos construtivos (potenciais) entre pares na adolescência, em benefício dos grupos destrutivos, ou seja, nutrem um sentimento de revolta que os impulsiona a atividades em que possam resgatar a visibilidade social, integrando-se a coletivos que se caracterizam pela cultura da violência, das práticas de infrações e do envolvimento com drogas.

Nesse sentido, compreendemos que a autoridade líquida na escola também exerce influência sobre as vicissitudes e os impasses enfrentados pelos adolescentes em suas referências de socialização em outros contextos, como nos grupos de pares. Observamos que, nas tentativas de enfrentar as dificuldades encontradas, ele transita ora por grupos potenciais na escola (de incentivo ao protagonismo juvenil, como os de estudo, de música, de dança) que se interrompem, ora por grupos de passagem ao desvio (que os levam à violência e destruição, como as gangues), numa instabilidade que pode propiciar sua inserção no tráfico de drogas como alternativa de afiliação social permanente.

REDIRECIONANDO O OLHAR: A TRANSGRESSÃO E O DESVIO COMO ESTRATÉGIAS PARA RESGATAR A COMPETÊNCIA DA ESCOLA

A FRAGILIZAÇÃO DOS VÍNCULOS nos diferentes contextos pelos quais os adolescentes transitam – como a família, a escola, e o que definimos como grupos potenciais e grupos de passagem ao desvio na sua relação com os pares – sinaliza as dificuldades relacionais na construção de sua rede social. No entanto, eles têm uma força que os impulsionam à vida, evidenciada quando lutam de todas as formas para lidar com seus problemas. Nessa perspectiva, entendemos que o desvio surge como pedido de ajuda diante da autoridade líquida, ou mesmo da inexistente. As formas encontradas para procurar a autoridade perdida passam a ser permeadas por sentimentos de raiva, angústia e mal-estar. Quando se referem ao abandono da família e da escola, eles revelam sentimentos contraditórios, que são compreendidos desde como a vontade de romper com elas até como o desejo de ser reconhecidos por elas.

É possível compreender as inúmeras demandas dos adolescentes dirigidas à escola. A procura de proteção e regulação social nessas instituições é evidente entre os que começam a se envolver com drogas e atos infracionais. É comum encontrarmos jovens em situação de risco (em grupos de pichação, gangues, usuários de drogas ou aliciados pelo tráfico) ainda vinculados à escola. Seus depoimentos (Pereira, 2009) revelam que não assumem uma participação definitiva nessas relações. Preservam um pensamento crítico e uma consciência de que não é o melhor caminho; permanecem na escola à procura de proteção. Vivem um conflito constante com o risco: "Em qual dos dois contextos é melhor eu ficar?" Ainda conseguem diferenciar os contextos de risco e de proteção, algo que já foi perdido para aqueles sem vínculos com a escola. Por isso, reprovam várias vezes, mas não evadem.

Os alunos dizem usar drogas e álcool na sala de aula diante do professor – ou seja, infringem as regras da escola, e este "finge que não vê". Em outras ocasiões, chegam mesmo a oferecê-las ao professor. Também provocam os docentes quando os veem usando "drogas": "Cigarro também é droga, professor". O que os alunos estão querendo nos dizer com essas atitudes? Será que querem desafiar o professor, disputar poder, ou seria uma maneira de se aproximar dele? De exigirem o exercício de uma autoridade já quase inexistente em suas vidas? Entendemos que os adolescentes envolvidos com drogas, gangues e aliciados pelo tráfico, quando ainda estão inseridos na escola, pedem ajuda da própria instituição por meio de ações extremas, para que force seu olhar para eles e se mobilize, de certa forma, para a tomada de atitude.

Além disso, alguns autores pontuam o quanto a adolescência tem se alongado no decorrer do tempo, criando o que denominam de "adultescência" (Outeiral, 2003), ou seja, o ideal de ser adolescente para sempre, tendo em vista a falta de padrões adultos com os quais possam se identificar. E, por causa disso, acreditamos que o fracasso escolar também representa um pedido de ajuda do adolescente, a fim de ter outra chance e de ser olhado de modo diferente.

Quando pensamos em inserir na escola os adolescentes em contexto de vulnerabilidade social, estamos diante de uma questão pertinente e inquietante: o fato de esse estabelecimento de ensino ainda propiciar um modo de o jovem se sentir pertencido, ou seja, constituir uma rede de proteção. Apesar de fragilizada, a escola permanece para os adolescentes como uma rede de segurança; encontram nela uma possibilidade de ainda verem-se incluídos no sistema social. Eles contam com a escola. Talvez pelo fato de depositarem tantas expectativas nessa instituição, ficam decepcionados, frustrados e, por vezes, desesperados quando se imaginam sem seu apoio.

Assim, quando esse adolescente rompe com a escola é como se ele se desligasse do único segmento que ainda o mantinha incluído no sistema, que ainda o reconhecia como cidadão. E é nesse momento que ele externa a questão do vazio e da preocupação que sente ao pensar no futuro, sem perspectiva profissional, sente medo de deixar a escola que, de alguma forma, lhe oferece um tipo proteção, atenção, reconhecimento, pertencimento. "O que acontecerá depois daqui? O que farei? Quem olhará por mim? Quem me dará orientação? Quem me guiará na vida?"

Esse adolescente vulnerável socialmente parece sentir medo de terminar o ensino médio e ter de deixar a escola, pois em vez de essa etapa representar um momento de transição no processo educativo, é como se significasse uma ruptura de pertencimento, de vínculo societal (como propõe Castel, 1998), como um processo de desafiliação, representando a ausência de inscrição na instituição educacional: estrutura que tem um sentido, um significado, uma importância em sua socialização e construção identitária.

Esses jovens também abandonam a escola por conta dos exemplos de seus pares; acabam influenciados por outros adolescentes que evadiram e envolveram-se em situações de risco, estando hoje presos ou mortos. A fragilização dos vínculos com a escola pode produzir rupturas e conduzi-los ao isolamento, à solidão ou a condutas de risco. Quando isso acontece, notamos como os educadores percebem falhas no cumprimento das funções de proteção e controle social em sua vida. Eles questionam: "De quem é a responsabilidade pelo envolvimento do adolescente com as drogas? Da família, da sociedade ou da escola?"

A escola tende a colocar a "culpa" na família. Os educadores denunciam os pais por contribuírem para a inserção dos adolescentes no mundo das drogas e, consequentemente, para a evasão escolar. Uma das acusações é de que usam drogas com seus filhos e os incentivam a consumir álcool. E há adolescentes que relatam que os pais delegam assuntos como sexo, gravidez e drogas à escola. Os educadores compreendem que tais questões, somadas aos conflitos familiares, são os grandes responsáveis pela evasão escolar (Pereira, 2009).

Em contrapartida, a desqualificação dos professores e da instituição é feita muitas vezes pela própria família (Póvoa e Sudbrack,

2006) de maneira improdutiva. É necessário evitar dissociações, como as que ocorrem tanto quando os pais criticam a escola, projetando nela seu fracasso no processo de ensino-aprendizagem e de conduta dos filhos, como quando a escola culpa os pais, projetando neles as próprias dificuldades, a falta de imposição de limites e a ausência de participação na vida dos alunos etc. Tal situação evidencia a desintegração família-escola, assim como a distorção e o ruído nessa comunicação (Outeiral, 2003).

Enquanto a escola e a família ficam no jogo de empurrar a culpa pelo fracasso, em vez de unir-se para pensar num modo de se responsabilizar por essas questões, os adolescentes, perdidos, procuram os contextos protetores no grupo de pares. Este aparece como representação de uma fonte de socialização menos repressiva (ou menos permissiva) do que a família e a escola, assumindo importante papel como fonte de referência social. Nele, os adolescentes passam a ter a oportunidade de legitimar seus próprios sentimentos e suas visões de mundo, norteados pela intensa identificação, compreensão, aceitação pelo grupo (Oliveira, Camilo e Assunção, 2003). No entanto, sejam quais forem as estratégias por ele utilizadas para sua inserção e seu reconhecimento social (se por meio de grupos potenciais que se interrompem ou pelos grupos de passagem ao desvio), podemos afirmar que na dificuldade de construir relações comprometidas umas com as outras, o adolescente vai deixando, nas entrelinhas das relações, seu pedido implícito de ajuda.

POR UMA NOVA CLÍNICA DA ADOLESCÊNCIA

PERGUNTA SAWAIA (2004, p. 37): "É possível fazer algo em um momento histórico em que o medo da violência nos impede de viver e ter bons encontros e nos leva a nos entregar a poderes estranhos e, ao mesmo tempo, a nos fechar dentro de nossa concha individualista?"

Nossos sentimentos são ingredientes importantes na construção do modo como vemos o mundo. Uma pessoa que cresce num mundo em que as relações são descartáveis, permeadas pela violência, pelo medo ou pela culpa vê o outro e a realidade de modo muito diferente daquela que vive relações baseadas no respeito e compromisso com o outro, na autoconfiança, na responsabilidade, na coragem e no amor.

Numa sociedade cuja ideologia dominante é o individualismo, evidencia-se a crença de que existe um ser individual e outro social, de que o sujeito é possuidor de aptidões e talentos próprios, ou seja, de que as aptidões "nascem com ele", "já vêm com ele". Nesse sentido, os adolescentes internalizam que o sucesso ou o fracasso de suas ações, como a conquista de um emprego, o cuidado de um filho, o êxito nos estudos, dependem única e exclusivamente de seu mérito pessoal. Observamos que quando são chamados a pensar nas suas possibilidades de futuro, eles tendem a abandonar ou negar a influência do social no alcance de seus sonhos. Passam a impressão de que não conseguem ressignificar os próprios sonhos e desejos como algo que se constitui na relação com o mundo social. Além deles, os segmentos que compõem sua rede social (família, escola, pares, igreja, comunidade, polícia, Justiça) são também reprodutores em potencial de ideias como estas e indicam saídas individuais (Ozella e Aguiar, 2003).

O fato é que o adolescente em situação de vulnerabilidade social está cada vez mais ameaçado, mais excluído, e as possibilidades de superação tornam-se cada vez mais escassas. Quando o almejado não é conquistado, e ele percebe finalmente que algo externo contribuiu para o seu fracasso, sentimentos de desapontamento e de revolta tanto em relação a si mesmo, quanto em relação ao outro, são muito fortes. Sente-se explorado, discriminado, desvalorizado, não reconhecido e, principalmente, impotente e sozinho diante da situação, já que tanto a culpa por seus problemas quanto suas soluções recaem sobre ele.

Por isso, quando refletimos sobre a autoridade e suas formas de implicação para as relações, não devemos buscar culpados. É preciso desconstruir a ideia de que o problema ou a responsabilidade é da escola, da família, da polícia ou do adolescente, em benefício de uma compreensão ampla e complexa na qual a participação de cada segmento é reconhecida, ou seja, sabe-se o potencial de ação de cada um no enfrentamento das dificuldades. Assim, as ações implementadas em relação às crianças e adolescentes devem abranger também não apenas as vítimas diretas, mas seu sistema sociofamiliar mais amplo.

As intervenções só produzem resultados quando saímos do nível concreto, que nos paralisa. É importante trabalharmos no sentido de fazer que os adolescentes, suas famílias e as instituições que atuam em conjunto se percebam como grandes recursos, sendo eles mesmos seus próprios instrumentos de trabalho. É necessário que eles reconheçam suas competências, o valor que os torna capazes de se vincular com o outro, já que o conflito e a violência ocorrem justamente quando não conseguimos nos reconhecer no outro. Devemos criar redes de solidariedade entre as pessoas, acreditando no potencial que possuem para compartilhar problemas e soluções.

Voltando nosso olhar à escola e às suas funções, indagamos sobre como poderia ser sua atuação. Como pontuam Bock, Furtado e Teixeira (2002, p. 268), "deve haver uma possibilidade de o aluno ser feliz na escola". Para isso, acreditamos que a escola precisa conhecer mais o adolescente com que trabalha, precisa conhecer mais seus alunos. É função dela não apenas transmitir informações, mas ajudá-los a desenvolver o espírito crítico e a formá-los cidadãos.

Como a escola poderia, então, estabelecer limites de outra maneira que a vigente? A interdição e a Lei precisam ser internalizadas por meio de modelos de identificação positiva que forneçam ao adolescente as noções de realidade e limite. É preciso auxiliar os educadores no exame de suas atitudes, do impacto delas sobre os alunos e da consequente repercussão desse trabalho na instituição. É necessário fazer uma integração entre o plano intelectual (mudanças estruturais) e o plano afetivo (mudança de atitude, revisão do seu papel na instituição). Deve-se, ainda, construir limites para os alunos por meio do resgate da autoridade e da negociação, o que pressupõe o estímulo à autonomia, à descristalização de papéis e ao comprometimento entre os diferentes atores envolvidos no processo (educadores e alunos), pois quanto maior a autonomia, maior o senso de responsabilidade por suas ações.

Fica evidente, também, a necessidade de se considerar o papel do aluno como parte ativa de seu próprio percurso e das relações que ele estabelece com outras instâncias de socialização, seja no bairro, no ambiente de trabalho etc. Por isso, as experiências extraclasses e sua própria faixa etária são dimensões que não podem ser negligenciadas (Zago, 2000). Além disso, compreendemos que abrir espaço entre os adolescentes para o debate coletivo ou a expressão individual é uma oportunidade de aproximação ao plano afetivo, rumo à relação transparente com os pares. Esses espaços são capazes de despontar reflexões bastante ricas dos adolescentes no sentido da compreensão das dificuldades de funcionamento da sua rede, assim como na busca de possibilidades de mudança. Quando são oferecidos espaços de diálogo, ou seja, a possibilidade de construção coletiva, de reflexão grupal, eles amadurecem suas ideias para enfrentá-las. O incentivo ao protagonismo juvenil deve ser colocado, portanto, a serviço das ações da escola, assim como das políticas públicas de inserção e de manutenção dos grupos potenciais, contribuindo para o desenvolvimento e a inclusão dos adolescentes que vivem em contexto de vulnerabilidade social, de modo a diminuir as desigualdades e a distância que separam os privilegiados dos excluídos pelo sistema.

Além disso, não podemos esquecer que hoje também paira sobre nós o espectro do desemprego, do trabalho informal e temporário. Um dos grandes discursos promovidos pela sociedade e pelo poder público é o de que uma das principais causas dessa realidade é a falta de acesso à educação. No entanto, Frigotto (1989 *apud* Neto, Moreira e Sucena, 2001, p. 104) indaga: "Qual o interesse da classe burguesa em que a classe trabalhadora tenha um ensino e educação nivelados pela qualidade?" A educação de qualidade deveria ser compreendida como direito fundamental do cidadão e, portanto, um dever do poder público. Apesar de constituir a principal fonte de ascensão profissional, a educação não deveria estar restrita a essa única função. Deveria ser fomentadora da consciência crítica, por meio da qual as pessoas podem entender e analisar os problemas sociais que vivem e reivindicar seus anseios sem serem manipulados ou precisarem de intérpretes.

Hoje, a relação dos adolescentes com a escola está associada à obtenção de um diploma, de um certificado que possa ampliar as chances de inserção no mercado de trabalho. A preocupação é muito mais com o diploma em si do que com o saber escolar. Somente quando esse "saber escolar" for assimilado e compreendido pelo jovem como algo que revela benefícios, capaz de aumentar sua autoconfiança, de proporcionar uma vida não tão dura quanto a de seus pais e garantir seu reconhecimento social, é que a escola deixará de ser vista como condição essencial para obtenção do diploma e será entendida como lugar que inclui diferentes desejos e subjetividades (Zago, 2000).

Favorecer o diálogo entre a família e a escola é também outra possibilidade de fortalecimento do processo educativo. Quando professores e famílias discutem, as trajetórias se entrecruzam, surgem pontos em comum nas suas experiências de vida que geram identificação das ligações afetivas entre eles. Assim, um importante objetivo a ser alcançado é formularmos respostas às novas demandas dos adolescentes e dos educadores que emergem numa sociedade complexa, pois a sociedade cria sempre novas exigências para ambos, mas não lhes propicia condições para que as satisfaçam. São, na verdade, necessidades induzidas por um sistema social ávido por criar, a qualquer custo, demandas orientadas à própria sobrevivência (Caliman, 2008).

A sociedade ainda age de maneira bastante contraditória. De um lado, o Estatuto da Criança e do Adolescente (Brasil, 1990) determina a proteção integral dos adolescentes, por serem sujeitos em desenvolvimento que requerem prioridade absoluta por parte da família, do Estado e da sociedade. De outro, essas novas gerações – que não têm autonomia nem capacidade de autossustentação – encontram-se em estado de risco social e continuam sendo alvo de uma violência social expressa na falta de condições materiais, de projetos de vida, no desemprego, nas dificuldades de acesso à cultura, ao lazer de qualidade, à educação, à saúde.

Diante de tudo isso, podemos afirmar que educar é um processo laborioso e demorado. É bem verdade que propor uma nova forma de lidar com o adolescente e com todas essas questões envolvidas no seu processo educativo requer lidar com o novo, o inusitado, o que provoca nas instituições sociais ansiedade, desconforto, sensação de desqualificação, de incapacidade de realização. Esse é também um aspecto a ser trabalhado: dialogar com a resistência à mudança, com o medo de não saber fazer diferente, sentimento tão arraigado nos pais, nos educadores, no Estado, na sociedade. Podemos afirmar, também, que não geramos mudanças, não combatemos a violência, as dificuldades, os problemas sociais apenas com ideias sensatas; é preciso colocá-las em prática, assumir nossa responsabilidade, nosso papel social diante das adversidades. Assim é possível educarmos para a paz, para a construção de valores positivos.

Um dos sentimentos que nos impulsionam ao exercício do nosso papel social nesse caminho é acreditar na mudança. "A esperança é uma espécie de parteira do futuro desejado." (Athayde, Bill e Soares, 2005, p. 119) Essa postura deve ser um imperativo ético, ou seja, a esperança não deve existir em função de uma ingenuidade alienada, de um sonho impossível, mas de algo que pode se concretizar, de um compromisso que deve ser para nós um escudo contra a omissão.

Além disso, e talvez o mais importante dentro dessa perspectiva: a mudança no olhar. Temos pensado e implantado medidas de ação social (a prática de redes sociais é um bom exemplo disso) e temos trabalhado no sentido da desconstrução e construção de conceitos que possibilitem novas articulações entre as instituições – escola, família, saúde, Justiça – que participam do nosso cotidiano. Todavia, ainda não conseguimos desconstruir os preconceitos que dividem nossa sociedade e atribuem a grande parte das pessoas uma visibilidade perversa (Sales, 2007). Por mais conhecimentos, pesquisas, políticas públicas e possibilidades de ação social que tenhamos, enquanto não mudarmos o nosso olhar, apropriando-nos de uma visibilidade que não seja "perversa", mas legitimada, compreensiva, consciente, construída e comprometida com o outro, não conseguiremos efetivar nossos trabalhos. Como aponta Carreteiro (2007), as mudanças efetivas só serão alcançadas caso tanto os adolescentes como todos aqueles que compõem sua rede social sejam incluídos em processos de reconhecimento que os legitimem na sua humanidade.

REFERÊNCIAS BIBLIOGRÁFICAS

ATHAYDE, C.; BILL, M. V.; SOARES, L. E. *Cabeça de porco*. Rio de Janeiro: Objetiva, 2005.

BOCK, A. M. B.; FURTADO, O.; TEIXEIRA, M. L. T. *Psicologias: uma introdução ao estudo da psicologia*. São Paulo: Saraiva, 2002.

BOLLE de BAL, M. "Da revolta contra os pais à revolta dos pais". In: ARAÚJO, J. N. G. de; SOUKI, S. G.; FARIA, C. A. P de (orgs.). *Figura paterna e ordem social*. Belo Horizonte: Autêntica, 2001, p. 41-57.

BRASIL. Lei n. 8069, de 13 de julho de 1990. Dispõe sobre o Estatuto da Criança e do Adolescente (ECA) e dá outras providências.

CALIMAN, G. *Paradigmas da exclusão social*. Brasília: Universa/Unesco, 2008.

CARRETEIRO, T. C. O. "Sociedade sufocada pela insegurança social". In: *Colóquio Internacional de Psicossociologia e Sociologia Clínica*, 11, 2007. Belo Horizonte (MG).

CASTEL, R. *As metamorfoses da questão social: uma crônica do salário*. Trad. I. D. Poleti. Petrópolis: Vozes, 1998.

DABAS, E. *Redes sociales, familias y escuela*. Buenos Aires: Paidós, 2005.

FERRARI, M.; KALOUSTIAN, S. M. "Introdução". In: KALOUSTIAN, S. M. (org.). *Família brasileira, a base de tudo*. São Paulo: Cortez; Brasília: Unicef, 2004, p. 11-5.

FREIRE, P. *Pedagogia da autonomia: saberes necessários à prática educativa*. São Paulo: Paz e Terra, 1996.

GAULEJAC, V de. *As origens da vergonha*. Trad. M. B. de Medina. São Paulo: Via Lettera, 2006.

LÉVY, A. "Violência, mudança e desconstrução". In: ARAÚJO, J. N. G.; CARRETEIRO, T. C. (orgs.). *Cenários sociais e abordagem clínica*. São Paulo: Escuta; Belo Horizonte: Fumec, 2001, p. 49-74.

MINUCHIN, P.; COLAPINTO, J.; MINUCHIN, S. *Trabalhando com famílias pobres*. Trad. M. França. Porto Alegre: Artmed, 1999.

NETO, O. C.; MOREIRA, M. R.; SUCENA, L. F. M. *Nem soldados nem inocentes: juventude e tráfico de drogas no Rio de Janeiro*. Rio de Janeiro: Fiocruz, 2001.

OLIVEIRA, M. C. S. L.; CAMILO, A. A.; ASSUNÇÃO, C. V. "Tribos urbanas como contexto de desenvolvimento de adolescentes: relação com pares e negociação de diferenças". *Temas em Psicologia*, v. 11, n. 1, 2003, p. 61-75.

OUTEIRAL, J. *Adolescer: estudos revisados sobre adolescência*. Rio de Janeiro: Revinter, 2003.

OZELLA, S.; AGUIAR, W. M. J. "O sentido subjetivo atribuído à escolha profissional: um estudo com jovens de camadas populares". In: OZELLA, S. (org.). *Adolescências construídas: a visão da psicologia sócio-histórica*. São Paulo: Cortez, 2003, p. 253-76.

PAUGAM, S. "O enfraquecimento e a ruptura dos vínculos sociais: uma dimensão essencial do processo de desqualificação social". In: SAWAIA, B. (org.). *As artimanhas da exclusão: análise psicossocial e ética da desigualdade social*. Petrópolis: Vozes, 1999, p. 67-86.

PENSO, M. A. et al. "Família e dependência de drogas: uma leitura sistêmica". In: RIBEIRO, M. A.; COSTA, L. F. (orgs.). *Família e problemas na contemporaneidade: reflexões e intervenções do Grupo Socius*. Brasília: Universa, 2004, p. 101-21.

PEREIRA, S. E. F. N. *Drogadição e atos infracionais entre jovens na voz do adolescente em conflito com a lei do DF*. 2003. 270 f. Dissertação (Mestrado em Psicologia Clínica) – Instituto de Psicologia, Universidade de Brasília, Brasília (DF).

_____. *Redes sociais de adolescentes em contexto de vulnerabilidade social e sua relação com os riscos de envolvimento com o tráfico de drogas*. 2009. 320 f.

Tese (Doutorado em Psicologia Clínica e Cultura) – Instituto de Psicologia, Universidade de Brasília, Brasília (DF).

PÓVOA, M. L. S.; SUDBRACK, M. F. O. "Autoridade na família e na escola". In: SUDBRACK, M. F. O. (org.). *Curso de prevenção do uso de drogas para educadores de escolas públicas*. Brasília: Universidade de Brasília, 2006, p. 192-9.

ROMÃO, J. E. "Educação". In: STRECK, D. R.; REDIN, E.; ZITKOSKI J. J. (orgs.). *Dicionário Paulo Freire*. Belo Horizonte: Autêntica, 2008, p. 150-52.

SAWAIA, B. "Uma análise da violência pela filosofia da alegria: paradoxo, alienação ou otimismo ontológico crítico?" In: SOUZA, L.; TRINDADE, Z. A. (orgs.). *Violência e exclusão: convivendo com paradoxos*. São Paulo: Casa do Psicólogo, 2004, p. 21-42.

SALES, M. A. *(In)visibilidade perversa: adolescentes infratores como metáfora da violência*. São Paulo: Cortez, 2007.

SELOSSE, J. *Adolescence, violences et déviances (1952 – 1995)*. Vigneux: Matrice, 1997.

SLUZKI, C. E. *A rede social na prática sistêmica*. São Paulo: Casa do Psicólogo, 1997.

SUDBRACK, M. F. O. "Da obrigação à demanda, do risco à proteção e da dependência à liberdade: abordagem da drogadição de adolescentes em conflito com a lei". In: SUDBRACK, M. F. O. *et al.* (orgs.). *Adolescentes e drogas no contexto da Justiça*. Brasília: Plano, 2003, p. 47-80.

ZAGO, N. "Processos de escolarização nos meios populares: as contradições da obrigatoriedade escolar". In: NOGUEIRA, M. A.; ROMANELLI, G.; ZAGO, N. (orgs.), *Família e escola: trajetórias de escolarização em camadas médias e populares*. Petrópolis: Vozes, 2000, p. 17-44.

6. A clínica do adolescente em meio fechado: olhares sobre o contexto

MARIA INÊS GANDOLFO CONCEIÇÃO

> Ame-me quando eu menos merecer,
> pois é quando eu mais preciso
>
> PROVÉRBIO MILENAR CHINÊS

PARA CONTEXTUALIZAR A ATUAÇÃO do psicólogo clínico no âmbito da medida socioeducativa de internação, o presente capítulo inicia-se com um breve panorama histórico sobre o confinamento de adolescentes infratores no Brasil nas últimas décadas, cujos caminhos e descaminhos desembocaram na atual situação de estagnação, descaso e desrespeito aos direitos humanos de jovens em conflito com a lei, em frontal oposição ao que prevê o Estatuto da Criança e do Adolescente (ECA). Tal contradição resultou em inúmeras críticas ao estatuto, antes mesmo de que ele tenha sido colocado plenamente em prática, e já se transcorreram dezoito anos desde sua implementação.

Com base nessa discussão, este texto problematiza a possibilidade de uma clínica do adolescente no contexto socioeducativo de internação, tomando-se como ponto de partida a compreensão das relações que o adolescente estabelece com a lei, com a sociedade e com ele mesmo. Conclui-se que é necessário oferecer uma escuta qualificada a esses adolescentes, por meio da qual se deve resgatar seu lugar protagônico.

De construções teóricas advindas principalmente dos campos da psicologia e da sociologia, surgiram inúmeros estudos em ambientes institucionais que destacam os comprometimentos psicológicos e sociais dos sujeitos confinados em instituições totais. No âmbito das políticas de assistência à infância e adolescência no Brasil, durante as décadas de 1980 e 1990, houve uma proliferação de produções acadêmicas que criticavam a prática abusiva e desumana da institucionalização de crianças e adolescentes, sobretudo nos domínios da Fundação Estadual do Bem-Estar do Menor (Febem), atual Fundação Casa, e em instituições governamentais para menores infratores (Conceição e Sudbrack, 2004). Os estudos foram unânimes em apontar que se impunha à criança interna o estigma de "futuro marginal" – gerado pela sociedade e reforçado pela institucionalização –, na medida em que a criança era culpada e, consequentemente, punida pela sua condição de *infratora* ou vitimada pela culpa atribuída à sua família por sua condição de *abandono* ou *carência*.

Das denúncias sobre os abusos de tais práticas de internação de crianças e adolescentes em instituições totais, sobressaía o apanágio de "situação irregular" dos códigos anteriores ao ECA, que ignoravam por completo os efeitos deletérios e iatrogênicos da internação indiscriminada sobre sua clientela. Com cunho fortemente higienista, subjazia ao discurso quase apologético da internação de crianças oriundas das classes populares a intenção de proteger a sociedade contra o que esses códigos consideravam "bandidos em potencial" (Conceição, Tomasello e Pereira, 2003a).

As críticas à institucionalização e a resposta a essas práticas por parte de diversos segmentos da sociedade civil redundaram fatalmente no movimento em defesa da desinstitucionalização e da abolição da medida de internação indiscriminada de crianças e adolescentes, bem como da adoção de uma nova alternativa de acolhimento destes em meio aberto. O ECA, em seu segundo capítulo ("Das entidades de atendimento"), levou em consideração todos os aspectos falhos da medida de internação, denunciados nos estudos exaustivos sobre essa prática nas últimas décadas. Ele constituiu, desse modo, um instrumental jurídico que realmente se propõe a acabar com a perspectiva de enclausuramento e despersonificação das pessoas assistidas pelas instituições. Ainda que a internação permanecesse como "um mal necessário", restava a questão: que modelo de atuação inspiraria novas práticas? E, ainda, que modelo de instituição realmente ofereceria as condições necessárias ao pleno desenvolvimento psicossocial dessas crianças e desses adolescentes, sem competir com suas famílias e sem estigmatizá-los?

Depois de quase duas décadas de contestação, resta saber como andam as práticas de internação de adolescentes em conflito com a lei e quais as características desse jovem que cumpre medida de internação no Brasil. Na falta de informações mais atualizadas, dados divulgados pelo Instituto de Pesquisa Econômica Aplicada (Ipea) em 2003 registram que, entre os meses de setembro e outubro de 2002, o número de meninos e meninas em todo o país que se encontravam privados de liberdade era de 9.555, ou seja, menos de 10 mil adolescentes. Destes, 90% eram do sexo masculino e mais de 60%, da raça negra; 76% tinham idades entre 16 e 18 anos; 51% não frequentavam a escola; 49% não trabalhavam; e a maioria (81%) vivia com a família quando praticou o delito. A grande maioria (quase 90%) não havia concluído o ensino fundamental; 85,6% eram usuários de drogas; 67,1% consumiam maconha, 31,3% cocaína/crack, e 32,4% álcool. Os principais delitos praticados por esses adolescentes foram: roubo (29,5%); homicídio (18,6%); furto (14,8%); e tráfico de drogas (8,7%).

Quanto às condições físicas das unidades de internação brasileiras, assim sintetizou o Ipea: 71% eram consideradas inadequadas às necessidades da proposta pedagógica, sem espaços para atividades esportivas e de convivência e com péssimas condições de manutenção e limpeza. Além disso, aquelas consideradas adequadas se limitam à manutenção da segurança em detrimento do desenvolvimento de uma proposta verdadeiramente socioeducativa.

Os dados do Ipea são condizentes com o relatório produzido, em 2006, pela Ordem dos Advogados do Brasil (OAB) e pelo Conselho Federal de Psicologia (CFP), intitulado *Direitos humanos: um retrato das unidades de internação de adolescentes em conflito com a lei*, que constatou que as condições das unidades as equiparam a verdadeiras prisões.

É fato que a sociedade cobra a efetiva punição de qualquer um que cometa crimes, na forma de aplicação de pena restritiva de liberdade. Em muitas ocasiões de comoção social, patrocinadas pelos veículos de comunicação de massa, ressurgem discursos inflamados que conclamam a legitimação da opção da pena de morte[1]. No que se refere aos adolescentes, a intolerância da sociedade em relação às transgressões tem sido crescente e tem se manifestado nas reivindicações – amplamente divulgadas pela mídia – de redução da maioridade penal e no aumento do tempo da medida de internação.

Nessa mesma direção caminha a perene associação entre juventude e violência. Embora os dados sobre o vertiginoso aumento da vitimização dos jovens brasileiros sejam contundentes (Unesco, 2004), a sociedade e a mídia insistem em dar mais destaque aos eventos envolvendo-os em atos violentos. O tema enseja discussões sobre a questão da violência juvenil, e lamentavelmente encaminha soluções que apontam na direção da simplificação e do retrocesso na forma do endurecimento das sanções. De acordo com Oliveira (2009), "esta é a tragédia brasileira: um país que está matando sua juventude, sua energia e, com ela, muitas possibilidades e sonhos de mudar a sociedade".

Poucas são as iniciativas de resgatar os jovens, educá-los e torná-los cidadãos. O fato é que a juventude tem se alternado nos

---

[1]. Segundo Zamora (2005), em virtude da ausência do Estado em determinados espaços urbanos e da banalização da violência, a pena de morte já está em vigor para as camadas pobres da população – sem processo, sem apelação, sem defesa.

papéis de vítimas e de algozes da violência, e compreender esse contexto é crucial para elaborar estratégias de intervenção que visem a proteção do jovem e a construção do sujeito cidadão. Para muitos, ingressar no mundo do crime é o caminho mais fácil e mais rápido para a ascensão social, principalmente para aqueles socialmente excluídos da sociedade de consumo (Sudbrack e Conceição, 2005).

Por sua vez, recai sobre as populações menos favorecidas o ônus da desigualdade social, e a ela tem sido invariavelmente atribuída a responsabilidade pela violência estrutural. Como afirma Loïc Wacquant (2001), a um Estado social mínimo corresponde um Estado penal máximo: vivemos uma era de criminalização da pobreza. Castel (2005) aponta para o poder nefasto da insegurança social que, tal qual um vírus, além de alimentar a pobreza, provoca a desmoralização, destrói os laços sociais e corrói as estruturas psíquicas dos indivíduos.

Diante do quadro de violência estrutural e simbólica que assola a juventude brasileira, é preciso refletir sobre o caráter "protetor" do qual se revestem hoje os muros das unidades de internação. Embora possa proteger o adolescente de si mesmo, no caso dos ameaçados de morte, o confinamento é uma contenção para sua vida. Essa situação lamentável denuncia a inoperância dos demais equipamentos sociais de garantia de direitos e de proteção, cuja inércia se reflete nas estatísticas de violência contra os jovens. Por conta disso, nosso país é alçado, tristemente, à posição de destaque no cenário internacional de violação dos direitos humanos, no que diz respeito ao fenômeno de "mortalidade juvenil".

É inequívoca a constatação de que a pena de reclusão é falha em seu aspecto correcional da conduta social. Tem sido sistematicamente observado que a sanção de restrição de liberdade cria sérios obstáculos à ressocialização, além de ferir direitos fundamentais do cidadão. Por sua vez, tal medida tem sido cada vez mais adotada com adolescentes, principalmente aqueles que praticaram crimes contra o patrimônio, porte de armas e envolvimento com tráfico de drogas.

Curiosamente, sabe-se que é mais fácil processar um adolescente por um ato cometido do que um adulto que praticar a mesma infração. Por sua vez, na direção contrária do que querem a imprensa sensacionalista e a sociedade truculenta, as estatísticas apontam que a porcentagem de reincidência nas unidades de internação é menor que no sistema penitenciário:

> Pesquisas do censo penitenciário revelam que as unidades de internação têm índices de reincidência menores do que as prisões. Os dados não são precisos, mas em 1995/96 a Febem registrou cerca de 65% de reincidentes enquanto nas penitenciárias o índice foi de 80%. Já em 2003, o índice caiu para 30%, chegando a 12% nas unidades mais próximas do perfil do ECA. Os números comprovam que o caminho é investir no sistema socioeducativo, ao invés de de superlotar as penitenciárias brasileiras. (Oliveira, 2009)

Vale lembrar que a internação em estabelecimento educacional é uma das medidas aplicadas por autoridade competente ao adolescente quando este comete um ato infracional grave. Visa contê-lo em uma unidade de segurança eficaz. O confinamento não é a medida em si, mas a condição para aplicá-la. Embora privado de sua liberdade de ir e vir, o adolescente mantém seus direitos e deveres constitucionais. A internação se dá exclusivamente com o propósito de prepará-lo, em meio protegido, para o livre exercício do convívio social.

As intervenções técnicas que ocorrem nesse contexto específico são extremamente delicadas diante da gravidade de sua indicação e do histórico de fracassos anteriores. De fato, na maioria dos casos, o adolescente que comete um ato infracional grave acumula um histórico de pequenas transgressões. Disso pode-se deduzir que as medidas antes aplicadas não foram eficazes, pois não preveniram a reincidência. Assim, a internação é a opção indicada quando todas as demais medidas falharam em seu propósito socioeducativo. Porém, não se pode responsabilizar o Estatuto por esses fracassos, pois, na realidade, essas propostas não estão sendo aplicadas de acordo com o que está previsto. A responsabilidade não é outra senão da própria sociedade que fracassou em viabilizar os mecanismos estabelecidos, mas que insiste na prática estereotipada de travestir sua culpa e condenar os próprios adolescentes quando transgridem a lei.

Paralelamente ao movimento antimanicomial – que libertou os doentes mentais da reclusão dos hospícios – e na contramão da humanização dos serviços, tenta-se repetir o isolamento social com os jovens indesejáveis, trancafiando-os em verdadeiras prisões. Diante dessas contradições refletidas no pleno distanciamento dos propósitos socioeducativos da internação, seria possível uma clínica divorciada desse contexto? Que lugar caberia ao psicólogo no atendimento do adolescente em regime de internação? É possível pensar em uma clínica do adolescente interno? Como pautar a atividade profissional dentro de uma realidade que se coloca na contramão da garantia dos direitos humanos básicos?

> A lógica da segregação e da instituição total é ela, sempre, desumanizante. A pretensão de se tornar eficazmente educativa a lição ministrada por detrás das grades é pretensiosa, já que, bem nos lembra Ferrajoli, "repressão e educação são definitivamente incompatíveis, como são a privação de liberdade e a liberdade mesma, que constitui a substância e o pressuposto da educação, de maneira que a única coisa que se pode pretender do cárcere é que seja o menos repressivo possível e, por conseguinte, o menos dessocializador e deseducador possível". (OAB e CFP, 2006, p. 10)

De acordo com o relatório OAB/CFP (2006), ultimamente a psicologia tem destacado a necessidade de balizar sua atuação profissional alinhada ao respeito e à promoção dos direitos humanos, pautada na crítica às práticas psicológicas historicamente naturalizadas, embora segregadoras, discriminatórias, docilizadoras. Os autores são enfáticos em afirmar que o psicólogo nunca deve se calar.

Concordo que não devemos compactuar com a lei do silêncio, mas acho que precisamos ir além. Primeiramente, a psicologia clínica não deve abandonar sua ferramenta mais poderosa: a escuta. O profissional deve oferecer sua escuta qualificada às vozes daqueles que têm sido silenciados por décadas de opressão, repressão, maus-tratos, abandono e negligência.

A par disso, a psicologia pode e deve fazer mais do que denunciar. É necessário resgatar as ações. E muito se pode fazer em prol desses adolescentes em conflito com a lei. A começar, deve-se pautar a atuação psicológica numa ótica mais abrangente: criar parcerias em uma perspectiva tática de enfoque multidisciplinar e interinstitucional, em uma abordagem que envolva verdadeiramente as redes sociais, em consonância com o que prevê o Estatuto quanto à coparticipação paritária.

Cabe à comunidade socioeducativa a mandatória necessidade de se resgatar imediatamente a função socioeducativa da medida, de desconstruir o espaço de internação como lugar de castigo ou prisão e construir espaços de possibilidades verdadeiramente educativas. Por sua vez, urge repensar a formação do socioeducador e construir uma identidade profissional dos seus diferentes atores diferenciada daquelas categorias funcionais de cunho penitenciário.

O objetivo precípuo da medida socioeducativa é educar o adolescente para o convívio social, de maneira que ele não volte a cometer atos infracionais e aprenda a estar em sociedade sem quebrar normas. Portanto, nesses casos, o foco de intervenção do psicólogo no deve levar em consideração os três aspectos fundamentais referentes às funções da medida socioeducativa descritas por Selosse (1997): 1) seu caráter sancionador, ou seja, o aspecto coercitivo da medida em face da transgressão cometida, isto é, *a relação do adolescente com a lei*; 2) seu caráter educativo ou reeducativo, a reconciliação do adolescente com seu entorno social em outros padrões relacionais, ou seja, *a relação do adolescente com a sociedade*; 3) seu caráter reparatório: a reconciliação do adolescente consigo mesmo, por meio de processo interno que favoreça a restituição de sua imagem pessoal que fora contaminada pelo ato infracional, ou *a relação do adolescente com ele mesmo*.

Algumas considerações fazem-se necessárias no trabalho do psicólogo em relação a essas funções que poderiam se desdobrar em focos de intervenção clínica. Porém, não se pode perder de vista o fato de que se trata, antes de tudo, de um adolescente, isto é, *um jovem que por acaso é um infrator, e não de um infrator que por acaso é um jovem*. Propomos a intervenção numa perspectiva relacional, a respeito da qual podemos pensar três níveis relacionais justapostos: *o adolescente e a lei, o adolescente e a sociedade* e *o adolescente e ele mesmo*.

É importante conhecer as relações com a lei, a ordem e as normas que o adolescente construiu ao longo de sua trajetória e que culminaram na prática do ato infracional. Repontam nesse nível aspectos referentes à função paterna e seus desdobramentos no processo de resgate dos limites, das normas e das referências de autoridade. Estaria o adolescente procurando na Justiça a figura de autoridade paterna omissa em sua vida? Esse processo denominado da falta do pai à busca da lei (Sudbrack, 1992a) nos remete à compreensão do significado da passagem ao ato delinquente no contexto familiar e institucional (Sudbrack, 1992b).

Cabe compreender as representações que os adolescentes têm sobre a lei e a Justiça, eles que foram as vítimas mais vulneráveis da iniquidade e injustiça social. Como exigir que o adolescente respeite as leis e as normas se ele não sabe o que é ser cidadão respeitado? Como cobrar do adolescente o cumprimento da lei, se a vida o tem submetido à ditadura da "lei do cão"? Como exigir cumprimento de medidas se estas são "desmedidas"?

Por sua vez, é importante compreender como se deram as incursões do adolescente na exploração da margem e do desvio. Que noção os adolescentes têm sobre o que é certo ou errado?

Sob quais bases educacionais se deram essas construções? De que maneira ele foi preparado para o exercício de sua autonomia? Que códigos e valores pautaram suas relações com os familiares, os amigos e grupos de pares?

O psicólogo deve se perguntar: o que o adolescente está comunicando com seus atos transgressivos? Podemos supor que, com seu comportamento transgressivo, o adolescente expressa seu desejo de romper com algo instituído, isto é, recusa-se a complementar os papéis sociais a ele ditados e esperados pelo seu meio social. Curiosamente, a palavra transgressão significa quebra. Assim também, a indisciplina, que etimologicamente deriva da palavra discípulo, pode ser entendida como uma recusa em seguir seu mestre. Sob esse enfoque, o agir transgressivo recebe conotações de inconformidade e muda o rumo dos acontecimentos de sua vida.

De fato, ao praticar o ato infracional, o adolescente é alçado ao papel protagônico. Por se tratar de uma prática severamente condenada pela sociedade, o ato transgressivo ganha forte destaque e jamais passa despercebido. Ao ser notado, o adolescente converte-se em herói ou anti-herói. Porém, que outras chances ele tem de receber semelhante destaque?

Ressignificar e transformar esse lugar protagônico são um grande desafio: cabe ao socioeducador, com base em vinculações afetivas e respeitosas com o adolescente, desenvolver ações integradas e estratégias que garantam ao adolescente o desempenho espontâneo e criativo do papel protagônico em um contexto longe da margem e do desvio. Nesse sentido, concordamos com os ideais de Jacob Levy Moreno, criador do psicodrama, no sentido de que é preciso favorecer a liberação da espontaneidade nas ações, isto é, encontrar novas e adequadas respostas para situações antigas e livrar-nos das conservas culturais que aprisionam.

A perspectiva relacional do trabalho clínico, aqui proposta, coaduna-se com as práticas e a ética que deveriam nortear o trabalho do psicólogo que, longe de conceber soluções simplistas ao problema, precisa romper com as perspectivas maniqueísta e reducionista típicas de velhos paradigmas e instituir uma mudança de mentalidade afinada com a compreensão complexa dos fenômenos sociais. Por sua vez, entende-se que se o indivíduo nasce, cresce e se desenvolve no grupo, suas práticas transgressivas, portanto, também são fruto dessas *inter-ações*.

Um dos maiores equívocos em relação à compreensão dos objetivos da medida socioeducativa, principalmente as privativas de liberdade, tem sido a ênfase no aspecto punitivo. Essa perspectiva, de manifesta violência simbólica, remonta aos resquícios dos códigos anteriores e tem lugar garantido nos centros de internação. Subjaz à ideia do destaque na punição a noção de que o adolescente tem de "sofrer" pelo que fez. Para quem pensa assim, a unidade de internação não pode ser um lugar agradável para não se configurar um "prêmio". Pelo contrário, tem de ser degradante, sub-humana, hostil, indesejada, o que, aliás, corresponde ao retrato fiel da realidade da maioria dessas instituições em nosso país.

Ademais, essa perspectiva não se coaduna com os achados científicos: já está provado por estudiosos da análise experimental do comportamento que a utilização da punição como esquema de eliminação de comportamentos indesejados não é uma estratégia eficaz. Ao contrário, pode acarretar sérios problemas, tais como, depressão, ansiedade, baixa autoestima, raiva, frustração, desconfiança. Por sua vez, a punição pouco ajuda na orientação de comportamentos desejáveis, além de não garantir que o comportamento indesejado não retornará na ausência do estímulo aversivo.

Desconstruir a prática e o discurso errôneos de tornar a punição uma função inerente à medida socioeducativa tem sido um dos maiores desafios na perspectiva do reordenamento institucional. Enquanto isso não ocorrer, não podemos afirmar que se esteja fazendo socioeducação. Se esperamos que a medida de internação venha a transformar o adolescente, capacitando-o para o convívio social, é imprescindível a criação de um clima propício e favorecedor da educação, o que parece incompatível com os espaços das prisões.

É verdade que o confinamento não se configura em absoluto um espaço compatível com a missão de educação social. Mas antes de derrubar seus muros é preciso que estejamos mais bem aparelhados e, enquanto isso não ocorre, urge garantir a humanização desses serviços. Paralelamente, algumas iniciativas são necessárias, dentre outras: fortalecer a eficácia das demais medidas; atuar criativa e preventivamente junto à rede de assistência à infância e juventude; criar estratégias que visem o incremento dos fatores de proteção e a redução dos fatores de risco em todos os âmbitos; subsidiar iniciativas de políticas que revertam a situação de vulnerabilidade social de vários segmentos da população; investir em educação de qualidade; desconstruir (ou reconstruir) a imagem da escola; criar ofertas de profissionalização, cultura, lazer e esportes.

Para além da proposta que contemple os aspectos formativo e ocupacional, é fundamental que o processo de cumprimento das medidas seja acompanhado pelo resgate de valores morais e éticos. Nesse sentido, toda a comunidade socioeducativa deve ser modelo de referência e coerência para o adolescente.

> Além de educação e formação profissional, os jovens precisam de referências positivas – condutas éticas, honestas e corajosas – para poder melhorar a sua forma de agir. Se eles não encontram reciprocidade nas atitudes positivas dos adultos, ficam sem ter bons exemplos de comportamento e ficam sujeitos aos mesmos erros. (Zamora, 2008)

Em suma, embora a Doutrina de Proteção Integral prevista no ECA tenha revertido um dos aspectos mais críticos do histórico das políticas de assistência à infância e adolescência no Brasil – que deslocava para um segundo plano a necessidade de implantar as políticas sociais que garantissem a universalidade dos serviços e os direitos básicos –, ainda convivemos com resquícios da doutrina da situação irregular de instrumentos jurídicos anteriores. Estes se refletem, em padrão nacional, no caráter prisional das unidades de internação, na inadequação das condições de privação de liberdade e na ausência de proposta pedagógica do sistema socioeducativo (Zamora, 2008).

Por sua vez, em nada resolve culpar os jovens ou vitimizá-los contra a violência. Tampouco é produtivo responsabilizar exclusivamente o Estado pelo quadro atual de violência. Tais posições auxiliam apenas na perpetuação do *status quo*. Mais do que nunca, é preciso envolver toda a sociedade na resolução dos problemas de violência, pois entendemos que o fato de nos defrontarmos com jovens que vêm tendo condutas de violência não deve nos afastar da visão de contexto onde a mesma é atuada e tampouco é justificativa para que o processo educativo dê lugar exclusivamente a medidas e políticas de repressão e de controle.

Infelizmente, constata-se que o ideal socioeducativo persiste ainda como ideal. Ainda é inconsistente o delineamento de uma estratégia pedagógica objetivada para inspirar e significar todas as ações concretas dirigidas ao adolescente interno. Remanescem as dificuldades de compatibilizar a garantia de direitos em detrimento da garantia da disciplina, da ordem e da segurança. Embora as concepções dos antigos códigos devessem ser "coisa do passado", seus "fantasmas" se manifestam de modo contundente, principalmente no discurso e na prática do atendimento ao adolescente em cumprimento de medida de internação, ressaltando o aspecto punitivo em detrimento de seu aspecto socioeducativo. Passados dezoito anos da implementação do ECA, resta, ainda, o maior desafio por parte das instituições diante dessa perspectiva e, por sua parte, cabe à sociedade civil e ao Estado a tarefa peremptória de vigilância e observância do cumprimento da nova lei por parte das instituições.

> De outro lado da psicologia e da pedagogia reclama-se a desafiadora tarefa de desenhar possibilidades de intervenção, para casos complexos e resistentes, que possam prescindir do confinamento como condição necessária de efetivação. Eis aí um ponto de partida necessário para qualquer mudança. (OAB/CFP, 2006, p. 10)

O trabalho do psicólogo clínico nesses contextos deve orientar-se por uma ótica interdisciplinar, que o conclame a desempenhar suas habilidades interpessoais de mediação em conflitos e de comunicação. Também se requer, idealmente, que o profissional tenha domínio no manejo de diferentes ferramentas de abordagem grupal, tendo em vista que as demandas que se apresentam sempre têm como marco estrutural as relações inter e intragrupais, além da necessidade essencial de intervenção junto às famílias dos adolescentes, ao seu grupo de pares e à equipe.

Para além do trabalho clínico com as técnicas convencionais, são possíveis outras atividades clínicas ricas em oportunidades de crescimento, reflexão e mudança. Em nossas experiências com essa clientela, o trabalho de oficinas de ideias (Penso, Gusmão e Ramos, 2003), oficinas temáticas (Conceição, Tomasello e Pereira, 2003b; Seidl, Mussi e Faustino, 2003), oficinas RAP (Tomasello, Conceição e Pereira, 2003; Tomasello, 2006) e grupos terapêuticos (Catunda e Totugui, 2003) com os adolescentes têm se mostrado uma importante ferramenta terapêutica de intervenção. Por sua vez, no trabalho com às famílias, a metodologia de Grupos Multifamiliares (Costa, 1998) oferece uma excelente oportunidade de criação de redes solidárias de apoio, alívio de angústias, espaço de geração de demandas, conscientização do papel fundamental das famílias, promoção de maior adesão e proximidade das famílias ao acompanhamento do adolescente em sua medida.

Além dessas ferramentas, sugere-se também a utilização de estratégias de intervenção familiar sistêmica de sessão única (Costa *et al.*, 2007) diante de situações tão comuns em tais realidades sociais – em muitos casos, dispõe-se de uma única oportunidade para intervir em todo o grupo familiar –, uma vez que produzem benefícios auferidos indiretamente no cotidiano do trabalho da equipe.

Por último, convém refletir sobre as reais possibilidades do alcance do trabalho clínico nesses contextos e compreender que, assim como o Sistema Nacional de Atendimento Socioeducativo

(Sinase) preconiza a incompletude das instituições e a necessidade da integração de diferentes atores institucionais, também o psicólogo precisa reconhecer a incompletude de sua atuação isolada. Por isso mesmo, deve nutrir-se das forças de suas redes de apoio social para que suas ações não pareçam apenas uma gota no oceano. Trabalhar em rede é também exercitar a humildade: o trabalho do psicólogo pode muito, mas não pode tudo!

O mais importante é que devemos reafirmar o compromisso ético profissional, defender os direitos humanos, a garantia da humanização desses serviços e criar propostas ousadas de atendimento desses jovens em contextos livres de contenção, para que se viabilize a emergência do protagonismo juvenil longe das páginas policiais. É importante a presença atuante do psicólogo nesses contextos para fazer valer os direitos do adolescente. A privação de liberdade deve se restringir apenas ao direito de ir e vir. Devem-se garantir os direitos à liberdade de expressão, de comunicação, de criação, de manifestação da espontaneidade, de dar e receber afeto, de poder acreditar. Pois, como diz Biaggio (1997, p. 47), "a moralidade é, por natureza, social, e o desenvolvimento de sujeitos morais nunca pode ser atingido sem o desenvolvimento de uma sociedade moral".

REFERÊNCIAS BIBLIOGRÁFICAS

BIAGGIO, A. M. B. "Kohlberg e a comunidade justa: desenvolvendo o senso ético e a cidadania na escola". *Psicologia: Reflexão e Crítica*, Revista da Pós--Graduação em Psicologia da Universidade Federal do Rio Grande do Sul, Porto Alegre, v. 10, n. 1, 1997, p. 47-69.

BRASIL. Lei n. 8069, de 13 de julho de 1990. Dispõe sobre o Estatuto da Criança e do Adolescente (ECA) e dá outras providências.

CASTEL, R. *A insegurança social: o que é ser protegido?* Petrópolis: Vozes, 2005.

CATUNDA, M. C. S.; TOTUGUI, M. L. "Grupo terapêutico com adolescentes em conflito com a lei: convivendo com Fênix". In: SUDBRACK, M. F. O. *et al.* (orgs.). *Adolescentes e drogas no contexto da Justiça*. Brasília: Plano, 2003, p. 259-76.

Conceição, M. I. G.; Sudbrack, M. F. O. "Estudo sociométrico de uma instituição alternativa para crianças e adolescentes em situação de rua: construindo uma proposta pedagógica". *Psicologia: Reflexão e Crítica*, Revista da Pós-Graduação em Psicologia da Universidade Federal do Rio Grande do Sul, Porto Alegre, v. 17, n. 2, 2004, p. 277-86.

Conceição, M. I. G.; Tomasello, F. T.; Pereira, S. E. N. "Prender ou proteger: caminhos e descaminhos da assistência à infância e adolescência no Brasil". In: Sudbrack, M. F. O. et al. (orgs.). *Adolescentes e drogas no contexto da Justiça*. Brasília: Plano, 2003a, p. 81-92.

_____. "Oficinas temáticas para adolescentes em medida socioeducativa: construindo um projeto de vida". Sudbrack, M. F. O. et al. (orgs.). *Adolescentes e drogas no contexto da Justiça*. Brasília: Plano, 2003b, p. 203-14.

Costa, L. F. *Reuniões multifamiliares: uma proposta de intervenção em psicologia clínica na comunidade*. 1998. Tese (Doutorado em Psicologia) – Programa de Pós-Graduação em Psicologia, Universidade de São Paulo, São Paulo (SP).

Costa, L. F. et al. "Single session work: intervenção única com a família e adolescente em conflito com a lei". *Revista Brasileira de Crescimento Desenvolvimento Humano*, São Paulo, v. 17, n. 3, dez. 2007, p. 104-13.

Instituto de Pesquisa Econômica Aplicada (Ipea). "Adolescentes em conflito com a lei: situação do atendimento institucional no Brasil". Disponível em: <http://www.ipea.gov.br/pub/td/2003/td_0979.pdf>. Acesso em: 22 nov. 2008.

Oliveira, A. F. G. "A maioridade penal e o ECA". *Investidura Portal Jurídico*, 18 fev. 2009. Disponível em: <http://www.investidura.com.br/component/content/article/2764.html?joscclean=1&comment_id=18>. Acesso em: 25 fev. 2010.

Ordem dos Advogados do Brasil (OAB); Conselho Federal de Psicologia (CFP). *Direitos humanos: um retrato das unidades de internação de adolescentes em conflito com a lei*. 2. ed. (atualizada). Brasília, jul. 2006.

Penso, M. A.; Gusmão, M. M.; Ramos, M. E. C. "Oficinas de ideias: uma experiência precursora com adolescentes em conflito com a lei pelo envolvimento com drogas". In: Sudbrack, M. F. O. et al. (orgs.). *Adolescentes e drogas no contexto da Justiça*. Brasília: Plano, 2003, p. 191-202.

Seidl, E. M. F.; Mussi, M.; Faustino, Q. M. "Oficina sobre sexualidade e práticas sexuais seguras: trabalhando a prevenção às DST/HIV/Aids com adolescentes em medidas socioeducativas". In: Sudbrack, M. F. O. et al. (orgs.). *Adolescentes e drogas no contexto da Justiça*. Brasília: Plano, 2003, p. 215-35.

Selosse, J. *Adolescence, violences et déviances*. Paris: Matrice, 1997.

Sudbrack, M. F. O. "Da falta do pai à busca da lei: o significado da passagem ao ato delinquente no contexto familiar e institucional". *Psicologia: Teoria e Pesquisa*, Instituto de Psicologia da UnB, Brasília, n. 8, 1992a,. p. 447-57 (suplemento).

_____. "O enfoque sistêmico da delinquência aplicado ao contexto jurídico". *Revista Terapia Familiar,* Porto Alegre, n. 1, 1992b, p. 7-15.

SUDBRACK, M. F. O.; CONCEIÇÃO, M. I. G. "Jovens e violência: vítimas e/ou algozes?" In: COSTA, L. F.; ALMEIDA, T. M. C. (orgs.). *Violência no cotidiano: do risco à proteção.* Brasília: Universa, 2005, p. 185-98.

TOMASELLO, F. *Oficinas RAP para adolescentes: proposta metodológica de intervenção psicossocial em contexto de privação de liberdade.* 2006. Dissertação (Mestrado em Psicologia), Universidade de Brasília, Brasília (DF).

TOMASELLO, F.; CONCEIÇÃO, M. I. G.; PEREIRA, S.E.F.N. "Oficina RAP (resgatando a autoestima e a proteção)". In: SUDBRACK, M. F. O. *et al.* (orgs.). *Adolescentes e drogas no contexto da Justiça.* Brasília: Plano, 2003, p. 237-57.

UNESCO. *Mapa da violência IV.* Disponível em www.unesco.org.br. Acesso em: 07/11/2004.

WACQUANT, L. *As prisões da miséria.* Rio de Janeiro: Jorge Zahar, 2001.

ZAMORA, M. H. *Para além das grades: elementos para a transformação do sistema socioeducativo.* Rio de Janeiro: PUC-Rio; São Paulo: Loyola, 2005.

_____. "Operadores do Direito criticam a falta de políticas públicas na recuperação de adolescentes infratores". *Site do Ministério Público do Estado de Alagoas,* 30 mai. 2008. Disponível em: <http://www.mp.al.gov.br/noticias/index.asp?vCod=7350&idioma=pt>. Acesso em: 27 nov. 2008.

7. A clínica do adolescente em medida socioeducativa de semiliberdade

MARIA APARECIDA PENSO
MARIA EVELINE CASCARDO RAMOS
MARISTELA MUNIZ GUSMÃO

ESTE CAPÍTULO APRESENTA a proposta de atendimento psicossocial ao adolescente em medida socioeducativa de semiliberdade, uma das sete ações previstas no Estatuto da Criança e do Adolescente (ECA), quando o jovem comete ato infracional[1]. Realizamos um trabalho nessa perspectiva, desde 2001, no Laboratório de Psicologia Social/Comunitária da Universidade Católica de Brasília. O tipo de intervenção que propomos está de acordo com a nossa concepção de que os atos infracionais na adolescência caracterizam-se como uma forma de desafio às normas sociais, uma vez que vivenciam a falta de regulação e de articulação entre os desejos e os interditos, o que os leva a praticar condutas violentas de afrontamento e tentativa de desconsiderar o interdito e substituí-lo pela "lei do mais forte" e mais esperto (Selosse, 1997). Nossa proposta também está consonante com a compreensão da Justiça como tendo uma função protetora que pode representar oportunidade de reflexão para o adolescente sobre os seus atos.

Inicialmente, apresentaremos alguns conceitos teóricos – que norteiam a nossa prática – sobre a adolescência e as transgressões praticadas nessa fase da vida.

---

1. O artigo 112 do ECA prevê as seguintes medidas socioeducativas: "I – advertência; II – obrigação de reparar o dano; III – prestação de serviços à comunidade; IV – liberdade assistida; V – inserção em regime de semiliberdade; VI – internação em estabelecimento educacional; VII – qualquer uma das medidas previstas no artigo 101, de I a VI".

O ADOLESCENTE E O COMETIMENTO DO ATO INFRACIONAL

A ADOLESCÊNCIA É UMA FASE de transformação mais social que biológica, pois é quando ocorre o encontro com uma *cultura*, seus valores e sua *ética*. Numa perspectiva sistêmica, trata-se de um momento de socialização e construção identitária (Miermont, 1994), rico em possibilidades de descobertas, mudanças e experimentação de papéis e situações sociais (Erickson, 1976; Osório, 1992). Além disso, é também um processo, sempre inacabado, complexo e influenciado pelo meio no qual o sujeito vive (Erikson, 1976). Envolve os movimentos de separação e pertencimento familiar, sendo a família a "matriz de identidade" do adolescente (Minuchin, 1982). Assim, a qualidade dos vínculos estabelecidos entre esse jovem e seu sistema familiar é fundamental para que se estabeleça o sentimento de pertencimento e a posterior separação, possibilitando a construção da identidade. Como afirma Sudbrack (1999, p. 231): "Isto envolve uma condição paradoxal de pertencimento e separação, de dependência e autonomia, num movimento dinâmico e recursivo de poder mudar sem deixar de ser o mesmo".

Para Vieytes-Schmitt (1991), essa é a idade de paixões, de sofrimento e êxtase, de criatividade, de explosão de energia e de consciência da morte.

Marcada por inúmeras transformações, essa fase constitui também um momento de crise, entendido aqui como possibilidades de mudanças, de reorganização das relações, e não de estagnação. As transformações virão acompanhadas de alguns comportamentos que podem ser considerados desviantes, mas que na verdade traduzem a busca de uma nova identidade, com a reivindicação de *status* diferenciado e exercício de novos direitos. Segundo Selosse (1997), esses pequenos desvios são "rituais de passagem" transmitidos em algumas sociedades sob a forma de simulações iniciáticas, que se desenvolvem em espaços limitados, acompanhados por guias que ajudarão a dar os significados próprios a esse lugar ritualizado.

Nesse sentido são situações que, durante esse período significante da vida, tem o valor de um espaço transicional entre o que é do domínio privado, particular, e o que é do domínio social. Mas nas sociedades tecnicistas, modernas e pós-modernas, como a nossa, esses rituais foram extintos e os adolescentes, ao procurar novos *status*, novos papéis e uma nova identidade, arriscam a se perverter, fazendo que o espaço institucional e social, em vez de ser transicional, apresente-se como um espaço de clivagem, de detenção, exclusão e alienação, mais que de transição. Ou seja, o que deveria ser um espaço de experimentação, que garantisse a possibilidade de retorno aos contextos protetores (família, escola e outras instituições sociais), torna-se o lugar de permanência e de aprisionamento.

Compreendemos as transgressões na adolescência como reações inter e intrapessoais de regulação comportamental. Ou seja, ultrapassar os limites colocados pela família e pelo social, assim como profanar os valores da comunidade em que vivem, é o modo pelo qual os adolescentes procuram transpor as barreiras colocadas para o acesso ao conhecimento e ao prazer, negando os efeitos dos interditos (Selosse, 1997). A questão é tentar compreender como esses comportamentos e a experimentação de limites tornam-se infrações e o conduzem à marginalidade familiar e social. Para Selosse (1997), os jovens que não conseguem experimentar limites sem cair na marginalidade são aqueles que só conheceram a lei em sua dimensão limitadora ou punitiva e, por isso, cresceram acompanhados por uma "carência primitiva" e "falta fundamental", na qual o sentimento de injustiça e de dívida os leva a agir em benefício de sua afirmação. De acordo com Selosse (1997, p. 218), é "como se a vida lhes devesse algo e lhes autorizasse a ser sujeitos de exceção: fora da norma, fora da lei".

As colocações de Selosse são muito pertinentes, pois a violência é uma constante na vida dos adolescentes com os quais trabalhamos. Em outros trabalhos já apresentamos a forma como eles vivenciaram as relações familiares, especificamente aquelas com o pai. De modo geral, relatam experiências de agressões, humilhações e falta de proteção, nas quais não são permitidas situações de experimentação de papéis e o exercício saudável dos movimentos de separação e pertencimento (Penso, 2003; Penso e Sudbrack, 2004; Penso, Gusmão e Ramos, 2005; Penso, Costa e Sudbrack, 2008). Estamos falando, então, de adolescentes que não são protegidos, cuidados e reconhecidos como sujeitos em suas famílias, nem tampouco no contexto social no qual inserem-se. Assim, comportam-se de maneira violenta, quando confrontados com seus desejos e as impossibilidades de realizá-los. Roubam, assaltam e até matam por considerar que são as únicas maneiras de conseguir aquilo que não receberam ou que lhes falta.

O ECA E O NOVO SIGNIFICADO DAS MEDIDAS SOCIOEDUCATIVAS

A LEI N. 8.069 DE 13 DE JULHO DE 1990, mais conhecida como ECA, trata da proteção integral à criança e ao adolescente e surgiu para garantir uma nova política de atenção a esse público, com base em um projeto de sociedade brasileira democrática, participativa e inclusiva cujo fundamento deveria ser a questão da cidadania de todos os brasileiros. É uma lei que compreende crianças e adolescentes como cidadãos, sujeitos de direitos, que precisam ser considerados como pessoas em desenvolvimento e tratados como prioridade absoluta.

Segundo Faleiros (1995), a promulgação do ECA foi uma grande evolução em relação ao Código de Menores de 1979, que considerava a exclusão como *doutrina da situação irregular*, o que significava patologia social, ou seja, uma doença, um estado de enfermidade e, também, algo que estava fora das normas. Nessa perspectiva, ser pobre era uma doença, assim como as situações de maus-tratos, desvio de conduta, infração e falta dos pais ou de representantes legais. A criança só tinha direitos quando era julgada em risco, em uma situação de doença social, irregular. Não era um *sujeito de direitos*.

O ECA considera os adolescentes como seres em desenvolvimento e propõe a reestruturação da atenção àqueles que cometeram atos infracionais. Nesse caso, as propostas de intervenção devem fundamentar-se em trabalhos socioeducativos de caráter emancipatório, tomando como base a questão da cidadania e da reinserção social. Em outras palavras, a possibilidade de obediência aos códigos de conduta precisa estar fundamentada na significação da interdição, para além do seu aspecto punitivo, mas levando em conta o seu valor de limite e continência, bem como de emergência de espaço de reflexão.

No entanto, o que pode ser facilmente constatado é que temos uma lei avançada e moderna, mas que na prática não consegue ser executada de modo eficaz. Os adolescentes com os quais trabalhamos vivem essa situação em seu cotidiano. Conhecem a lei em todos seus artigos, mas sabem que não será cumprida, principalmente no que diz respeito a seus aspectos educativos, de reintegração social e de proteção integral. Isto não significa que não têm sido pensadas propostas muito interessantes de trabalho com os jovens que cumprem medidas socioeducativas, (Batista, 1998; Sudbrack, 2003; Xaud, 1999). Há projetos que, embora pontuais, têm a função de questionamento constante das instituições executoras das medidas socioeducativas, que deveriam oferecer aos adolescentes a possibilidade de resgate ou mesmo de vivência da autoridade e das regras falhas nas suas famílias e nas suas histórias de vida.

O TRABALHO PSICOSSOCIAL COMO UMA OPORTUNIDADE DE REPARAÇÃO: OFICINA DE IDEIAS

Após essas reflexões, apresentamos a nossa proposta de atendimento psicossocial a adolescentes em medida socioeducativa de semiliberdade, que denominamos oficina de ideias referindo-nos à própria expressão dos adolescentes que gostam de "trocar ideias". Temos realizado essas oficinas tanto nas dependências do Centro de Formação em Psicologia da Universidade Católica de Brasília, como também nas próprias casas de semiliberdade em que eles cumprem a medida socioeducativa.

Trabalhamos com a concepção de Selosse (1997) de que a medida socioeducativa precisa contemplar três níveis:

1 sanção, que é a punição pelo ato cometido, normalmente associada a uma privação de liberdade, por um período determinado;
2 educação ou reeducação, que possibilita o retorno do jovem para a sociedade por meio da frequência obrigatória à escola e de sua inclusão em programas de capacitação profissional;
3 reparação interna, que possibilita uma restituição da imagem pessoal perturbada pelo ato infracional e o leva a resgatar o sentido do ato e assumi-lo como seu, permitindo provar aos outros e a si mesmo que é capaz de conviver em sociedade, apesar de suas forças destrutivas.

É neste último nível que se insere a oficina de ideias como possibilidade de criação de um espaço emancipatório e de promoção da saúde mental, bem como de prevenção de doenças ou de comportamentos tidos como impeditivos do sucesso pessoal e social, individual ou coletivo. É um trabalho que tenta, ainda, preparar os adolescentes para a procura de afiliação a outros contextos sociais, menos perversos e mais protetores do que aqueles aos quais pertenceram até então. Além disso, compreende a medida socioeducativa não apenas como punição e regulação, mas também como oportunidade de transformação autônoma dos adolescentes, especialmente na relação com seu contexto social. É uma aposta em um trabalho que torne possível a descoberta de que a lei da troca é melhor da que aquela imposta pela força.

A metodologia utilizada é a sociodramática de desenvolvimento de grupos, que utiliza o criar, o recriar e o reviver experiências e fantasias, com o objetivo de refletir e (re)construir alternativas de ação (Moreno, 1992). A duração do grupo é de um semestre, o número de encontros é predeterminado e planejado em função do tempo e dos temas importantes levantados pelos componentes do grupo, seguindo o modelo moreniano de sessão sociopsicodramática; nesse trabalho, fazemos o aquecimento, a dramatização do tema e a elaboração do vivido.

A escolha pelo trabalho em grupo está relacionada com a nossa experiência de atendimento a adolescentes, na qual o contato grupal sempre desempenha um papel fundamental no treino de novos papéis sociais e pessoais (Ramos, 1999). Teoricamente, baseamo-nos na perspectiva psicossociológica, que considera os grupos como lugares privilegiados de formação dos "envelopes de identidade" e de constituição de espaço intermediário de passagem entre a realidade psíquica e o mundo exterior (Carreteiro, 1993). Isso significa que o grupo possibilita aos adolescentes a oportunidade de experimentar relacionamentos amparados no respeito e confiança mútuos, bem como a troca de experiências e expectativas de vida, e também o ensaio de alguns arranjos de enfrentamento de dificuldades e de busca de suportes identitários. O grupo, por proporcionar espaço de confiança e escuta em um campo relaxado, propicia o afloramento da demanda e funciona, portanto, como coparticipante da construção da identidade individual e social desses jovens.

No que diz respeito ao formato, são grupos abertos, em razão da alta rotatividade dos adolescentes nas casas de semiliberdade, por conta das peculiaridades desse tipo de medida: apenas se não apresentarem problemas de comportamento os jovens podem frequentar a escola próxima da casa onde estão vivendo, fazer cursos de profissionalização, realizar atividades esportivas e culturais na comunidade e também voltar a casa de seus familiares nos fins de semana. Essa situação leva a evasões da casa, problemas com a polícia quando eles têm a oportunidade de sair, o que resulta em regressão de medida, com o retorno para a internação fechada. Além disso, é uma medida que não tem tempo determinado, sendo o seu término condicionado ao comportamento do adolescente. Ele pode estar na casa de semiliberdade numa semana, mas não na seguinte. Não consideramos que essas especificidades sejam impeditivas do trabalho. Apenas exigem uma proposta metodológica em que haja sempre um encerramento a cada encontro. Nesse sentido a proposta sociodramática é a mais adequada, pois no momento da elaboração do vivido é possível fazer um "balanço" do tema trabalhado naquele dia.

Cada encontro segue as três etapas do trabalho sociodramático, conforme organização de Ramos (1997) para o trabalho com crianças e adolescentes em situação de risco: 1) aquecimento inicial, momento em que os adolescentes podem falar de si, de suas dificuldades, de seus feitos, de suas apreensões, do sentido de estar ali, participando daquele grupo em especial; 2) desenvolvimento da ação dramática, caracterizada pelo desenvolvimento de atividades lúdicas: jogos, brincadeiras, música, filmes, dinâmicas de grupo, encenações ou exercícios relacionais; 3) elaboração do vivenciado com a discussão e elaboração sociopsicológica das situações ocorridas no encontro.

Nossa experiência em trabalhos com adolescentes em diferentes contextos nos leva a concluir que esse modelo de desenvolvimento de atividades psicossociais se justifica por uma série de fatores. Em primeiro lugar, pelo fato de que, na ação, o sujeito tem a possibilidade de reviver episódios de sua vida, experimentando os sentimentos e as emoções daquela situação. Em segundo lugar, no sociodrama, os membros do grupo têm a chance de viver e modificar cenas, (re)avaliar as relações que mantêm em sua vida, experimentar novos padrões de relação, identificar e avaliar seu protagonismo e o tipo de comunicação e de relação que mantêm com seus antagonistas. Em terceiro lugar, a ação dramática implica o sujeito de tal forma que a ele se abre possibilidades de percepção e construção de parâmetros que podem significar o resgate de valores que se perderam durante a vida ou a descoberta de novos. Em quarto lugar, o grupo dá legitimidade ao tema abordado e às pessoas que participam do trabalho seja na ação – no contexto dramático – ou fora dela, no contexto grupal; por último, esse modelo de trabalho de grupo procura desenvolver os temas no âmbito da exposição dos fatos, da avaliação quanto às relações interpessoais e psicossociais nele implicados, e da reflexão sobre as atitudes, as causas e as consequências às pessoas e aos grupos envolvidos.

A exposição, a avaliação e a reflexão fazem parte do processo psicossocial de grupos e proporcionam aos indivíduos possibilidades e habilidades para resolver problemas, assim como formular propostas essenciais ou complementares ao bem-estar social. Elas possibilitam a descoberta e a construção de novas formas de lidar com temas e situações concretas da vida, valorizando atitudes e comportamentos condizentes com os desejos e as aspirações pessoais e sociais de cada um. Na medida em que utilizamos esse mesmo modelo para a realização de cada encontro, os participantes têm a oportunidade de aproveitar, em sua essência e por inteiro, o trabalho com o tema desenvolvido na reunião. Isto faz que mesmo o sujeito que participa de apenas uma reunião seja beneficiado no que diz respeito àquele tema em questão.

É importante ressaltar que a programação dos encontros deve ser feita *a priori*, sendo que cada um deles precisa ser programado com base na reflexão sobre o evento anterior. Nesse sentido, temos utilizado a seguinte metodologia de planejamento: 1) reflexão sobre o que aconteceu no encontro anterior; 2) eleição de um tema a ser trabalhado; 3) definição de um objetivo para alcançar; 4) planejamento de uma atividade que possibilite alcançar o objetivo proposto. Obviamente, esse planejamento não pode ser rígido, pois em função das dificuldades vividas pelos adolescentes em seu cotidiano, muitas vezes é preciso trabalhar conteúdos imediatos trazidos por eles.

Uma das questões com a qual sempre nos deparamos diz respeito à efetividade desse tipo de trabalho. Gostaríamos, assim, de ressaltar alguns fatores que consideramos essenciais para garantir a realização do trabalho:

1 construção de um vínculo de confiança e autenticidade, desde o primeiro contato com os adolescentes;
2 postura de reconhecimento desses jovens como pessoas em processo de desenvolvimento, e não apenas como "infratores" assujeitados;
3 aproximação de sua realidade com menos preconceitos e mais compreensão sobre sua condição;
4 capacidade para suportar seus impulsos destrutivos, auxiliando-os na elaboração e na simbolização de seus atos, sem abandoná-los.

Finalmente, não podemos nos esquecer de que o trabalho é complexo, já que trabalhamos com adolescentes que se sentem vítimas de preconceito e abandono social.

CONSIDERAÇÕES FINAIS

NOSSA INTENÇÃO NÃO É CRIAR um manual de como trabalhar com adolescentes em conflito com a lei, e sim apresentar uma metodologia que, como muitas outras, pode ajudar os profissionais que trabalham cotidianamente com essa clientela.

Nos diversos grupos que realizamos, alguns temas são recorrentes, entre os quais destacamos: consciência de si e do outro; papéis sociais, o uso de drogas como possibilidade de ser adolescente e, ao mesmo tempo, de lidar com as dificuldades; relacionamento interpessoal; trabalho e geração de renda como possibilidade de resgate de cidadania; autoestima; suportes identitários; preconceitos, relações de confiança; perspectiva de futuro e projeto de vida; dificuldades e alegrias vividas na relação com a família, na qual surge quase sempre o tema da falta do pai durante a sua história de vida e também no momento de envolvimento com a justiça; a violência que eles e suas famílias vivenciam no dia a dia; a relação com a escola, que os exclui; o papel atribuído à Justiça, principalmente o do juiz da Vara da Infância e Juventude como uma figura de autoridade muito importante nas suas vidas; as dificuldades enfrentadas na atribuição de sentido e no cumprimento da medida socioeducativa; as dificuldades com relação ao preconceito que enfrentam no cotidiano.

O surgimento desses temas nos leva a refletir sobre os diversos aspectos pelos quais esses adolescentes tiveram seus direitos violados. Entre eles, um nos chama a atenção: a falta do pai em diferentes momentos de sua história de vida, impedindo-os de ter acesso à Lei paterna. Esse aspecto foi explorado em outro trabalho nosso também com grupos de adolescentes em medida socioeducativa de semiliberdade com base na metáfora usada por eles próprios quando referem-se aos policiais como "pai de botas", em alusão comparativa à figura paterna que apenas bate e castiga (Penso, Gusmão, Ramos, 2003).

A realidade dos adolescentes que frequentam os grupos é de famílias que enfrentam problemas de desemprego, dificuldade de acesso aos sistemas formais de saúde, educação e assistência social. Um quadro em a regra é sobreviver e viver dignamente é um luxo. São adolescentes de classe social baixa, com idade escolar defasada, envolvidos em situações de risco pelo uso de drogas. Vivem contextos de violência e desproteção. Passaram bruscamente da infância para os papéis da vida adulta, forçados a ingressar precocemente no mercado de trabalho para contribuir economicamente com sua família de origem ou porque formaram muito cedo suas próprias famílias. Essa realidade faz que esses jovens não possam viver a adolescência como etapa do desenvolvimento, caracterizada pela experimentação de papéis, o teste de limites externos e internos.

Não podemos nos esquecer de que o sucesso do trabalho com esses adolescentes demanda, também, a participação da família, da escola e de outras instituições sociais de suporte e apoio a eles, em um esforço conjunto no qual todos os atores sociais precisam procurar modelos de atenção que possam ir além da punição. Assim, de modo concomitante à realização do grupo, podem ocorrer reuniões técnicas e oficinas de sensibilização com os profissionais que executam atividades nas casas onde eles vivem, procurando reforçar sua condição de educadores, cujo maior desafio é intervir a fim de proporcionar a esses adolescentes espaços transicionais nos quais possam treinar papéis sociais diferenciados.

Após quase seis anos de realização desses grupos, podemos afirmar que esse trabalho possibilita aos adolescentes o entendimento e a aceitação de si e do outro, bem como a desconstrução de posições pessoais rígidas. Além disso, desvendam demandas afetivas e sociais importantes que exigem mudanças em seu modo de ser no mundo. Obviamente que tal processo implica sofrimento, mas vem seguido de muito alívio. Mesmo que, no início, sua postura seja de enfrentamento ou de descaso, de desqualificação do nosso trabalho, em um segundo momento, surgem elogios, sugestões de atividades para os próximos encontros e, principalmente, expressões de grande afetividade para com a equipe.

Finalmente, é preciso pontuar ainda que nossa experiência vem confirmando a concepção de que, para trabalhar com esses adolescentes, é preciso mais do que boa vontade ou conhecimento técnico. No geral, esse é um trabalho que exige um envolvimento pessoal muito grande e uma capacidade de sair da posição narcisítica de "especialista", para assumir o lugar de coparticipante do processo, no qual os atores principais são os adolescentes. Nós apenas os ajudamos a procurar formas de desempenhar melhor os seus papéis. Isto faz com que, como professores e formadores de futuros profissionais, precisamos ter muito cuidado na escolha dos alunos que podem e dão conta de conduzir ou participar desses grupos.

REFERÊNCIAS BIBLIOGRÁFICAS

BATISTA, V. M. *Difíceis ganhos fáceis: drogas e juventude pobre no Rio de Janeiro*. Rio de Janeiro: Freitas Bastos, 1998.

BRASIL. Lei n. 8069, de 13 de julho de 1990. Dispõe sobre o Estatuto da Criança e do Adolescente (ECA) e dá outras providências.

CARRETEIRO, T. C. *Exclusion sociale et construction de l'identité*. Paris: L'Harmattan, 1993.

ERICKSON, E. H. *Identidade: juventude e crise*. Trad. A. Cabral. Rio de Janeiro: Zahar, 1976.

FALEIROS, Vicente de Paula (coord.). *Crianças e adolescentes: pensar & fazer*. Brasília: Cead, 1995 (Coleção Curso de Ensino a Distância, módulo 1).

MIERMONT, J. *Dicionário de terapias familiares: teoria e prática*. Trad. A. A. Molina-Loza. Porto Alegre: Artes Médicas, 1994.

MINUCHIN, S. *Famílias: funcionamento e tratamento*. Trad. J. A. Cunha. Porto Alegre: Artes Médicas, 1982.

MORENO, J. L. *Quem sobreviverá? Fundamentos da sociometria, psicoterapia de grupo e psicodrama*. Trad. A. R. Faria, D. L. Rodrigues, M. A. Kafuri. Goiânia: Dimensão, 1992.

OSÓRIO, L. C. *Adolescente hoje*. Porto Alegre: Artes Médicas, 1992.

PENSO, M. A. *Dinâmicas familiares e construções identitárias de adolescentes envolvidos em atos infracionais e com drogas*. 2003. Tese (Doutorado em Psicologia), Universidade de Brasília, Brasília (DF).

PENSO, M. A.; COSTA, L. F.; SUDBRACK, M. F. O. "A transmissão transgeracional no estudo da relação adolescente, drogas e ato infracional". In: PENSO, M. A.; COSTA, L. F. (orgs.). *A transmissão em diferentes contextos: da pesquisa à intervenção*. São Paulo: Summus, 2008, p. 143-64.

PENSO, M. A., GUSMÃO, M. M.; RAMOS, M. E. C. "Oficina de ideias: uma experiência precursora com adolescentes em conflito com a lei pelo envolvimento com drogas". In: SUDBRACK, M. F. O. *et al.* (orgs.). *Adolescentes e drogas no contexto da Justiça*. Brasília: Plano, 2003, p. 191-200.

_____. "O pai de botas: violência intrafamiliar sofrida por adolescentes envolvidos em atos infracionais e com drogas". In: COSTA, L. F.; ALMEIDA, T. M. C. (orgs.). *Violência no cotidiano: do risco à proteção*. Brasília: Universa/Liber, 2005, p. 167-83.

Penso, M. A.; Sudbrack, M. F. O. "Envolvimento em atos infracionais e com drogas como possibilidade para lidar com o papel do filho parental". *Psicologia USP*, São Paulo, v. 15, n. 3, 2004, p. 29-54.

Ramos, M. E. C. *Construindo a cidadania com crianças e adolescentes em situação de risco*. Trabalho apresentado no I Congresso Iberoamericano de Psicodrama, Instituto de Iberoamérica y Portugal – Universidad de Salamanca, 1997.

_____. "O sociodrama como método de intervenção na construção de redes sociais". In: Carvalho, D. B. B. de; Silva, M. T. (orgs.). *Prevenindo a drogadição entre crianças e adolescentes em situação de rua – a experiência do Prodequi*. Brasília: MS/Cosam, UnB/Prodequi, UNDCP, 1999, p. 101-10.

Selosse, J. *Adolescence, violences et déviances*. Paris: Matrice, 1997.

Sudbrack, M. F. O. "Abordagem comunitária e redes sociais: um novo paradigma na prevenção da drogadição". In: Carvalho, D. B. B. de; Silva, M. T. (orgs.). *Prevenindo a drogadição entre crianças e adolescentes em situação de rua: a experiência do Prodequi*. Brasília: MS/Cosam, UnB/Prodequi, UNDCP, 1999, p. 161-75.

_____. "Projeto Fênix: Promoção psicossocial de adolescentes envolvidos com drogas no contexto da medida socioeducativa: uma experiência piloto no Distrito Federal". In: Sudbrack, M. F. O. et al. (orgs.). *Adolescentes e drogas no contexto da Justiça*. Brasília: Plano, 2003, p. 23-43.

Tiba, I. *Puberdade e adolescência: desenvolvimento biopsicossocial*. 2. ed. São Paulo: Ágora, 1985.

Vieytes-Schmitt, C. "L'adolescence: temps des passions". *Thérapie Familiale*, Paris, v. 12, n. 2, 1991, p. 121-33.

Xaud, G. M. B. "Os desafios da intervenção psicológica na promoção de uma nova cultura de atendimento ao adolescente em conflito com a lei". In: Brito, L. M. T. (org.). *Temas de psicologia jurídica*. Rio de Janeiro: Relume Dumará, 1999, p. 87-102.

8. A socialização de adolescentes em bairros populares e o papel da ação pública na França

JOËLLE BORDET

A AÇÃO PÚBLICA NA LUTA CONTRA A EXCLUSÃO DE ADOLESCENTES

DESDE O COMEÇO DO SÉCULO XX, o Estado francês responsabilizou-se pela escolaridade e também, em parte, pela educação das crianças. A constituição de uma escola laica – definida pela lei de 1905 – permitiu construir a nação, ainda que em alguns casos tenha resultado na erradicação de culturas e línguas locais. Não obstante, garantiu a escolarização de todas as crianças: em um primeiro momento até os 14 anos e, mais recentemente, até os 16.

Esse investimento do poder público coincidiu com um processo de industrialização da França, e acompanhou o início do êxodo rural para a cidade. Ao mesmo tempo, o Estado manteve grandes movimentos de educação popular, em particular a Liga do Ensino, cuja missão foi desenvolver, com militantes e assalariados, atividades educativas extracurriculares na escola e oferecer outros pontos de vista tão importantes quanto aqueles postulados pelos representantes da Igreja, principalmente a católica.

A principal medida da lei de 1905 foi separar a Igreja e o Estado – o que provocou o consequente investimento na promoção da laicidade, fazendo dela uma marca identitária do Estado francês. A educação surgiu, então, como mediador de destaque nesse processo. Movimentos de educação, incluindo o escotismo laico, dirigiam-se a muitas crianças e adolescentes de classes populares na cidade e no campo. A Frente Popular, em 1936, constituiu um momento central e simbólico de uma primeira democratização e de suas consequentes conquistas: férias, licenças remuneradas, salários fixos, direito do trabalho e criação de um primeiro Ministério da Juventude. Léo Lagrange, jovem que esteve à frente dessa pasta, ganhou extrema relevância ao ser assassinado na resistência à ocupação nazista.

O esforço coletivo na reconstituição pós-guerra reafirmou a responsabilidade do poder público em todos os campos da vida social e no desenvolvimento econômico: criou-se o Estado-providência. Não se tratava de um Estado assistencial, mas que protegia seus cidadãos. No campo da educação, novos movimentos se organizaram, como o dos leais camaradas do Centro de Treinamento dos Métodos de Educação Ativa (Cemea, na sigla em francês), e se encarregaram da educação não formal de crianças e adolescentes. Muitos professores eram militantes dessas organizações. Havia, naquele momento, muita esperança e apoio mútuo.

Na mesma época, as instituições envolvidas na proteção de adolescentes infratores, ou que corriam perigo se ficassem com a família, transformaram-se e reforçaram suas ações. Enquanto as colônias penitenciárias da Justiça eram fechadas, os dirigentes institucionais e políticos preferiram fazer prevalecer a educação em detrimento da repressão para com os adolescentes. Criaram a Proteção Judicial da Juventude (PJJ) e novos cargos, como o juiz especializado em crianças e o pedagogo que trabalha no Judiciário. A noção de "jovens em perigo/jovens perigosos" permitiu articular proteção, educação e sanção.

De modo concomitante, professores comprometidos com a vida social e política negociavam com o Estado a criação de um novo campo de ação educativa: a prevenção especializada. Eram pedagogos que trabalhavam na rua, diretamente com grupos de jovens. Não tinham mandato e agiam de acordo com o princípio da livre adesão e do anonimato. Isso quer dizer que prestavam conta de suas ações às instâncias públicas, mas preservavam em sigilo o nome dos jovens com que lidavam. O objetivo desses pedagogos era fazer que os jovens abandonassem grupos marginais, que poderia levá-los à delinquência, e construíssem sua autonomia baseada nos direitos sociais.

A França conheceu grandes mudanças nos anos 1960-1970. A indústria se fortaleceu, e o Estado construiu novos bairros de casas populares na periferia das grandes cidades para suprimir as favelas e criar moradias administradas por órgãos públicos. Além disso, franceses de origem rural e muitos imigrantes originários sobretudo de países colonizados instalaram-se nas grandes cidades para trabalhar. Os filhos dessas famílias de imigrantes viraram cidadãos franceses, de acordo com o "direito do solo". Diante da formação de gangues de adolescentes e jovens adultos nesses bairros, a ação educativa foi intensificada tanto por pedagogos da justiça e da prevenção especializada quanto por movimentos de educação militante. As prefeituras, sobretudo as comunistas, muito importantes nos meios populares de então, tomaram parte diretamente na ação educativa e criaram possibilidades de férias coletivas e atividades educativas extracurriculares. Para aqueles jovens ainda mais marginalizados, a ação educativa era da alçada da Justiça, da proteção à infância e à adolescência, da prevenção especializada – todas da competência do Estado. Os franceses começaram a se preocupar com essa juventude operária e turbulenta – mas havia ainda muitas possibilidades de acesso ao emprego, bem como à habitação.

A crise do desemprego e os primeiros movimentos de desindustrialização datam dos anos 1975-1980. A ascensão da esquerda socialista trouxe esperança, mas ela logo enfrentou dificuldades nas limitações do orçamento público e em viabilizar o desenvolvimento econômico. Dada a situação, o Estado estabeleceu como prioridade lutar contra a exclusão de jovens dos meios populares, a fim de facilitar sua inserção social e profissional. As políticas de desenvolvimento criaram um elo de trabalho coletivo muito importante. O governo concedeu financiamentos e criou cooperativas nos territórios mais sensíveis. Foram criados o Ministério da

Juventude e o das Cidades. As diferentes instituições de educação que operavam num mesmo bairro se coordenaram e criaram políticas públicas de intervenção com esses jovens e suas famílias. O futuro e o desdobramento dessas políticas variavam bastante de um município para o outro, mas tinham em comum o fato de transformar a atividade de todas as instituições e de inaugurar novos recursos coletivos.

Pela primeira vez, "a comunidade de vida local" se tornou alvo de trabalho e cooperação. Essa expressão designa não apenas o conjunto dos atores de um território – seus habitantes, comerciantes, profissionais das instituições públicas –, mas também um sentimento de pertencimento, de "viver em conjunto". Desse modo, o trabalho com as comunidades na França se constituiu de modo muito ligado à intervenção pública – ou seja, não relacionado às comunidades específicas identitárias ou religiosas, mas à comunidade no sentido de cidadania partilhada, baseada na laicidade.

Contudo, apesar dos esforços coletivos, as transformações econômicas da França reforçaram o desemprego dos jovens e sua exclusão do direito comum. Houve aumento do racismo e da discriminação, sobretudo no que se refere aos filhos de pais imigrados da África negra e do norte.

A política atual é restringir de maneira drástica a intervenção do Estado. As consequências no campo da educação para os jovens que se encontram em maior dificuldade são muito grandes: coloca-se novamente em questão o primado das políticas educativas sobre as repressivas na esfera judiciária dos menores; diminui-se consideravelmente a ajuda institucional e financeira aos movimentos de educação popular; extinguem-se, nos estabelecimentos escolares, as funções de apoio psicológico e didático.

Atualmente, os profissionais da educação nos bairros populares vivem um impasse, diante das consequências dessas mutações sobre o plano institucional, profissional, e também sobre a vida dos jovens e das próprias famílias. Acreditamos que parte da juventude mais marginalizada está sendo, a um só tempo, banida institucional, social e economicamente, sobrevivendo em condições de ilegalidade. E essa transformação social influencia o trabalho dos pedagogos.

AS MODALIDADES DE ASSISTÊNCIA AOS JOVENS MARGINALIZADOS E A QUESTÃO DA AUTONOMIA

AINDA HOJE, UMA MALHA de instituições e de profissionais intervém para promover a proteção e o acesso à autonomia dos jovens, ainda que suas condições de atuação tenham se alterado profundamente. Daremos alguns exemplos significativos dessa realidade.

No campo da educação, diversas ações e políticas públicas foram colocadas em prática para favorecer a aprovação escolar e impedir a evasão escolar. De fato, muitos jovens, por diversas razões – problemas pessoais psicoafetivos ou no seio da família, envolvimento com os problemas do bairro, condutas antissociais na escola –, não investem mais na escolaridade. Muitos deles vivem "o aqui e o agora" e têm dificuldades de se projetar no futuro.

Diante dessas dificuldades, os pedagogos da prevenção especializada criaram redes de cooperação com diretores de escolas, enfermeiros, assistentes sociais, conselheiros de educação. Isso lhes permite realizar um trabalho específico com o jovem, sua família e a própria escola para impedir a ruptura mútua, assim como para compreender e transformar as dificuldades com as quais o jovem se vê confrontado.

Da mesma maneira, um aparato financiado por vereadores e por educadores procura reforçar o êxito escolar e as qualidades da socialização nas escolas de ensino fundamental e médio. Esse aparato é acionado em mais de setenta cidades francesas, em bairros prioritários à intervenção pública. Ele permite diagnosticar melhor os problemas e a formação de parcerias entre os representantes da educação nacional – professores, profissionais das escolas, pedagogos, responsáveis por atividades socioeducativas. Muitas vezes, também possibilita que se proponha uma ação, uma ajuda mais específica aos jovens e às famílias.

Essas dinâmicas coletivas são interessantes e efetivamente tornam possível, em muitos casos, o combate à evasão escolar. Entretanto, tendem a aumentar a assimetria entre os jovens e as próprias famílias, as quais, em geral, são mais "objetos" do trabalho dos profissionais que "sujeitos" de sua própria realidade. Essa atuação, muitas vezes individualizada por demais, tem pouco respaldo nos recursos coletivos das famílias e das comunidades – o que se produz é mais uma adaptação normativa à instituição escolar. Hoje, novas ações coletivas vêm sendo desenvolvidas para associar as "comunidades de vida" a essa luta contra a evasão escolar.

A desigualdade e as dificuldades de acesso aos direitos sociais se manifestam particularmente na evasão escolar, em todos os níveis de formação. Diante dessa situação, instituições públicas, como as missões locais, foram criadas em 1985 pelo Ministério da Juventude. Os conselheiros das missões locais têm a função de receber os jovens e orientá-los para algum ofício, ou para treinamentos profissionais. Por vezes, integram a equipe psicólogos ou profissionais instruídos em direitos sociais (ligados à nacionalidade, em particular), para facilitar ao jovem o acesso a uma ocupação.

Todavia, esses conselheiros enfrentam obstáculos imensos: a taxa de desemprego, em algumas áreas populares, ultrapassa os 40% dos jovens entre 16 e 25 anos. Cada vez mais a juventude diversifica os modos de obter dinheiro: trabalho provisório, comércio de mercadorias contrabandeadas, trabalho sem carteira assinada (ilegal, pois a economia informal não é reconhecida na França). As noções de ofício, trabalho, trajetória profissional são distantes para muitos deles. Os jovens do sexo masculino se dedicam à economia de sobrevivência imediata, enquanto muitas jovens, apesar do sucesso nos estudos, não exercem ocupação assalariada – trabalham em casa e, muitas vezes, têm filhos cada vez mais precocemente. As situações de dominação e de vigilância de irmãos sobre irmãs se acentuam, na medida em que eles são excluídos do mercado de trabalho e da autonomia pelo direito comum. Assim, desenvolvem-se novos modos de socialização caracterizados pela sobrevivência imediata, pela promiscuidade entre ilegalidade e legalidade, pela dominação de gênero.

Os profissionais e as instituições muitas vezes estão desarmados diante desses problemas. Como garantir a esses jovens o acesso aos direitos sociais, considerando-se as atuais realidades econômicas e trabalhistas? Muito preparados no que diz respeito ao acompanhamento técnico de inserção social e profissional, os conselheiros de missões locais se veem desabonados quanto ao resto – e, frequentemente, sentem-se deprimidos.

Para enfrentar essas mudanças, os responsáveis políticos e administrativos de alguns municípios se engajam para criar novas vias de acesso aos direitos sociais – incentivando a contratação, por empresas, de jovens de bairros populares da cidade e de profissionais para lutar contra a discriminação e favorecer a recepção de jovens imigrantes.

Hoje, muitos municípios firmam contratos "de responsabilidade" ou "de solidariedade". Trata-se de ajudar os jovens a encontrar trabalho e habitação – e, para alguns deles, auxiliar na resolução de problemas ligados à nacionalidade. O projeto é nomear um profissional da juventude "referente" que acompanhe os passos do jovem e da família por dois ou três anos, abrindo possibilidades graças à ligação entre as instituições e as empresas.

Há muitos anos que os responsáveis pela educação, uma vez confrontados com as dificuldades psíquicas dos adolescentes, veem-se desamparados. As estruturas tradicionais de tratamento e escuta psicológica não são mais capazes de satisfazer a demanda, que é grande demais, ou não conseguem mais satisfazer alguns jovens. As estruturas tradicionais são os centros médico-pedagógicos e os setores de pedopsiquiatria. Há muitos jovens com problemas psicológicos que não procuram o apoio profissional, ainda que atravessem fases de depressão, de grande dúvida narcísica ou que se vejam diante de graves desentendimentos familiares. O choque cultural entre pais e filhos das famílias imigradas cria, muitas vezes, incompreensões e tensões que podem colocá-lo em perigo.

A fim de reagir a esses novos desafios psicológicos, o Ministério das Relações Sociais definiu uma nova estrutura de amparo psicológico: os centros de escuta especializados. A forma e o modo de funcionamento dessas estruturas de acolhimento são muito diferentes em relação às tradicionais. Ainda assim, elas compartilham algumas características: a recepção e a capacidade de resposta rápida, até mesmo imediata, à demanda dos jovens; a terapia breve (de, no máximo, um ano); a capacidade de escuta tanto individual quanto coletiva.

Essas estruturas de acolhimento psicológico desenvolvem uma rede de trocas e cooperação com assistentes sociais das escolas, educadores, pedagogos. Isso ajuda a identificar as situações dos jovens que estejam passando por dificuldades e a prover a demanda de escuta psicológica. Não obstante, o sigilo permanece uma regra importante na relação entre o jovem e o profissional.

Esses exemplos são significativos para mostrar o esforço de adaptação dos profissionais à evolução das dificuldades vividas pelos jovens e às possibilidades de comprometimento destes e de suas famílias. O acesso aos direitos sociais pelo trabalho constitui, ainda hoje, a principal via de socialização, mesmo para aqueles que passam por dificuldades. Entretanto, cresce a exclusão dos jovens devido a fatores como discriminação racial e geográfica, que os afasta da perspectiva de exercer um trabalho legalizado – um caminho para ter acesso aos direitos sociais, como a habitação. Esses jovens tendem, então, a viver um dia de cada vez, sem fazer projetos para o futuro. Seus pares não constituem mais um lugar transitório de socialização, mas se tornam um grupo de fixação e de sobrevivência. Atualmente, os profissionais e os representantes locais enfrentam o aumento da intervenção em segurança, especialmente da polícia, e o relativo desinvestimento do Estado em políticas de acompanhamento dos jovens, social e psicologicamente. Essa dinâmica perturba as vitórias conquistadas e nos impulsiona para edificar, de um modo ainda mais solidário com os jovens e suas famílias, as condições de um trabalho comum.

9. Dinâmica familiar e trabalho do adolescente em conflito com a lei

OLGA MARIA PIMENTEL JACOBINA
LIANA FORTUNATO COSTA

O ESTUDO QUE ORIGINOU este capítulo teve como objetivo compreender o significado da experiência do nosso trabalho com adolescentes em conflito com a lei e qual influência essa iniciativa pode ter em suas relações familiares. Com base em uma abordagem qualitativa foi realizado o estudo de caso de três rapazes que cumprem a medida socioeducativa Liberdade Assistida (LA) e trabalham concomitantemente. Para tanto, foram feitas entrevistas individuais e familiares com esses jovens.

ADOLESCENTES, DINÂMICA FAMILIAR E TRABALHO

DE ACORDO COM FISHMAN (1998), o trabalho e a família tendem a ser as forças que mais influenciam a manutenção da identidade da pessoa, por oferecer sustento econômico, identidade pessoal e contexto social. Esse autor afirma também que as atitudes no trabalho tornam-se enraizadas e são levadas para a vida doméstica; que cada ambiente induz padrões estruturais semelhantes em outros ambientes; e que tanto o trabalho quanto a vida em família influenciam um ao outro. O que acontece no local de trabalho pode ser uma consequência ou antecedente do que ocorre na família.

Castel (1998) elabora um esquema que se constitui da conjunção de dois vetores: um eixo de inserção/não inserção pelo trabalho e um eixo de inserção/não inserção em uma sociabilidade sociofamiliar. O indivíduo pode estar inserido completamente nos dois eixos (zona de integração) ou apenas em um deles. Aquele que está desvinculado da esfera do trabalho sofre mais danos do que quem está desvinculado apenas da área familiar, pois seu sustento e o de sua família, sua participação na comunidade, assim como todo o funcionamento das relações sociais e da cidadania estão baseados na sua inserção ocupacional. Na *zona de desvinculação*, o indivíduo encontra-se sem trabalho e em isolamento social. Assim, a falta de oportunidade para o indivíduo e sua família afeta seu sentido de existência e suas expectativas de futuro.

Essa desvinculação do trabalho afeta diretamente a dinâmica familiar na medida em que, conforme assinala Cattani (1996), no círculo mais imediato da família existe uma forte correlação entre precariedade profissional e conflitos internos. Por exemplo: rupturas conjugais e desavenças entre os membros da família crescem na exata proporção do aumento da precariedade e do tempo de desemprego. As condições para ruptura de vínculos aumentam ainda mais, nesse contexto. Em relação aos jovens desempregados, há um aumento da tensão e dos atritos com os demais familiares.

Contudo, é importante fazer uma ressalva no que se refere à entrada precoce de jovens no mundo do trabalho, pois conforme Campos e Francischini (2003) assinalam, as mudanças provocadas no interior das famílias pode representar para eles uma inserção artificial na vida adulta. Nessas condições, a independência financeira pode ser experimentada como independência emocional e social por um indivíduo que, na verdade, ainda está se descobrindo, está em plena construção de identidade e precisaria de limites e de orientação. Com efeito, ele não viveu o suficiente para ter maturidade física, cognitiva, emocional ou social para o exercício das funções por ele assumidas.

Entretanto, se a experiência de trabalho vivenciada pelo adolescente pressupor orientação e delimitação de limites para ele, o resultado pode ser como o encontrado em um estudo realizado com adolescentes de classes populares de Sertãozinho (SP). Guimarães e Romanelli (2002) apontam que a atividade remunerada exercida por esses jovens pode contribuir para assegurar a sobrevivência da família, bem como impedir que eles fiquem ociosos "na rua", evitando seu envolvimento com a marginalidade, além de poder propiciar amadurecimento psicológico e intelectual, atuando como modo de socialização, complementando a ação da escola. No ambiente de trabalho, apesar de submetido ao controle que os superiores exercem sobre a atividade laboral, o adolescente também tem a oportunidade de conviver com iguais, com pares. Aprende a ordenar suas formas de sociabilidade e suas representações, o que amplia suas experiências e contribui para o processo de amadurecimento psicológico e intelectual.

Assim, é possível identificar o trabalho como um importante elemento de uma rede social de proteção para o adolescente. Pereira e Sudbrack (2003) comentam que, além de o trabalho ser um modo de sustento individual e familiar para jovens, a inserção no mundo precoce do trabalho constitui uma maneira de atingir a independência financeira necessária para manter a autoestima e o respeito da comunidade, uma possibilidade de mais autonomia diante dos familiares e um modo de manter a mente e o corpo ocupados.

Portanto, consideramos de suma importância enfocar esse tema que suscita tanta ambivalência e apontar tanto as peculiaridades da experiência com o trabalho quanto sua repercussão para a vida desse jovem, como apontado por estas autoras, já que a prática de redes sociais leva o sujeito a se redescobrir na relação com o outro, na construção e reconstrução de sua rede.

MÉTODO

O CONTEXTO – A presente pesquisa foi realizada no Centro de Referência Especializado de Assistência Social (Creas) de uma cidade satélite do Distrito Federal. Os adolescentes participantes estavam cumprindo a medida socioeducativa de Liberdade Assistida (LA) nesse local. Para realizar o acompanhamento deles, havia uma equipe composta por duas assistentes sociais e uma psicóloga. Todos os nomes são fictícios, e a pesquisa foi aprovada pelo juiz titular da Vara da Infância e Juventude (VIJ/DF).

Os participantes da pesquisa – Participaram dessa pesquisa três adolescentes e suas famílias. O primeiro jovem entrevistado foi *Joilson*, com 19 anos na época. Fazia um curso técnico em radiologia e tinha o segundo grau completo. Trabalhava com vistoria de carros para seguradoras de automóvel e usava uma moto nessa atividade. Morava com os pais e três irmãos mais novos. A mãe (41 anos), diarista, cursou até a sétima série. Sobre o pai (40 anos), a família não sabia o endereço do trabalho, nem quanto recebia. *Joilson* afirmava que sua atividade profissional servia para se sustentar e sair de casa. A mudança que observou em sua vida, desde que começou a trabalhar, é que ele não ficava mais na rua, o que evitou que arrumasse confusão. Além disso, achava que a relação em casa também havia melhorado, pois os pais o chateavam muito por ele passar o dia fora. O que vê de negativo no trabalho é o risco de acontecer algum acidente por andar de moto. Quanto aos atos infracionais, o primeiro foi um assalto e o segundo, um ano depois, porte de arma. *Joilson* estava trabalhando há seis meses e, antes, havia sido estagiário em um banco.

O segundo entrevistado foi *Márcio*, 17 anos, que cursava o segundo ano do ensino médio. Trabalhava num laboratório de exames e tinha um contrato de trabalho. O adolescente morava com seu pai (37 anos), a madrasta (26), o avô paterno (59), a tia (23) e a prima (10). Desde que começou a trabalhar sentia raiva de quem roubava dinheiro de um trabalhador que ganha um salário mínimo ou de um senhor velhinho. Achava que se fosse para roubar, tem de ser de quem tem, dos "*playboys*" por exemplo. Outra mudança foi a relação familiar: seu pai e sua família passaram a confiar mais nele, o que não acontecia antes. Considerava que havia adquirido mais responsabilidade. Quanto ao ato infracional, relatou que ocorreu em 2003, quando tinha 15 anos. Estava sem dinheiro, cometeu um furto e acabou preso. *Márcio* estava no laboratório de exames há dois meses e, antes, havia sido vendedor de uma loja de joias por dez meses.

Paulo, 19 anos na época da pesquisa, havia cursado até a sétima série e estava sem estudar no momento. Trabalhava na copa de um bar, ainda em período de experiência. Morava com sua mãe (47 anos), com a namorada (23) e o irmão (17). Achava melhor trabalhar do que ficar roubando e vendendo droga para dar dinheiro para "patrão", chegando a ser preso e vendo a mãe se humilhar. Em relação ao envolvimento com a Justiça, *Paulo* relata que, na primeira vez, foi pego, durante uma revista policial, com uma chave universal de abrir carros. A segunda vez, quando resgatava os amigos que haviam invadido uma casa na qual estava acontecendo um casamento, um deles estava com uma arma e um carro roubado. Durante o roubo, um dos tiros acertou o pai do noivo, que morreu. Além disso, sumiu um aparelho de som da casa, configurando o crime como latrocínio. Fez um curso de informática, por meio do Creas. Ele dizia ter conciliado bem a medida socioeducativa e o trabalho, pois após o curso, começou a trabalhar e também a sonhar. Considerava que já tinha um sonho, que tinha praticamente um futuro. Antes não, não tinha tempo para nada; depois, passou a ter a cabeça mais livre para estudar, construir um lar. *Paulo* estava trabalhando há um mês, ainda em fase de experiência.

Instrumentos para investigação – Para a coleta das informações foi utilizada a observação participante, as gravações das entrevistas semiestruturadas realizadas com os adolescentes e com seus familiares, além de uma entrevista familiar. A observação participante se caracteriza pelo contato direto do pesquisador com o fenômeno observado para obter informações sobre a realidade dos atores sociais em seus próprios contextos. Para Minayo (1996), é o momento que enfatiza as relações informais do pesquisador no campo e que permite a captação de uma variedade de situações que não são obtidas por meio das entrevistas formais, uma vez que, observadas diretamente na própria realidade, transmitem o que há de mais importante e evasivo na vida real. Foram registradas pelas pesquisadoras as observações e as conversas informais com os adolescentes ou com suas famílias. A entrevista, de acordo com Minayo (1996), é o procedimento mais usual no trabalho de campo, pois por meio dela o pesquisador visa apreender o ponto de vista dos atores sociais previstos nos objetivos da pesquisa. Com os adolescentes, partimos de um instrumento proposto por Penso (2003) e que adaptamos conforme nossos propósitos. Esse instrumento abrangeu as seguintes áreas: *Quem sou* – Como se sente? Quem é você?; *Relação com o trabalho* – Qual a utilidade do trabalho em sua vida? Desde que você começou a trabalhar, mudou alguma coisa em sua vida e na de sua família? Como você fez para conciliar seu trabalho com a medida socioeducativa?; Quais os problemas com a Justiça? Já cumpriu quais medidas? O seu trabalho influenciou, de alguma maneira, no cumprimento de sua medida?; *O que eu penso que serei* – Quais expectativas você tem sobre a vida pessoal, familiar e o trabalho?

Procedimentos – Após o consentimento do juiz titular da Vara da Infância e da Juventude do Distrito Federal, as entrevistas foram agendadas e realizadas no Creas, com a duração de aproximadamente uma hora cada. Após essa conversa, marcamos uma visita domiciliar para fazer a entrevista familiar. Os diálogos com *Joilson* ocorreram em julho de 2005, os com *Márcio* em setembro de 2005 e os com *Paulo* em outubro de 2005. As entrevistas foram gravadas, com o consentimento dos adolescentes e suas mães, e transcritas para análise posterior. Além desse procedimento, as pesquisadoras realizaram observações nas atividades nas quais os jovens participavam no Creas, como requisito no cumprimento da medida de liberdade assistida. A principal atividade observada foi o Grupo Multifamiliar. Essas reuniões tinham duração de aproximadamente duas horas e possibilitaram acessar e conhecer tanto o adolescente como sua família.

Método de análise das informações - Para a análise e interpretação das informações obtidas, bem como para viabilizar o processo de construção do conhecimento, foi utilizada a proposta da investigação qualitativa de González Rey (2002). Segundo essa perspectiva, a análise é realizada a com base em indicadores que aparecem nos instrumentos, nas relações entre eles, bem como em quaisquer das situações e processos formais e/ou informais que constituem o campo da pesquisa e que representem alguma dimensão de sentido presente no estudo. Os indicadores podem ser definidos como elementos ou conjunto de elementos que adquirem significação por meio da interpretação do pesquisador, são categorias produzidas no processo de construção do conhecimento que constituem instrumentos para a definição de zonas de sentidos sobre o problema estudado. Essas são construídas no diálogo com os dados, e uma referência dos processos construtivos do pesquisador. Assim, o desenvolvimento de indicadores conduz o desenvolvimento de conceitos e de categorias novas no curso de uma pesquisa, sendo a produção de indicadores e categorias processos interrrelacionados (González Rey, 2002).

ANÁLISE DOS RESULTADOS: O SIGNIFICADO DO CONFLITO COM A LEI PARA O ADOLESCENTE E SUA FAMÍLIA

COM RELAÇÃO ÀS FAMÍLIAS com transações delitogênicas, Segond (1992) aponta que a transgressão mantém uma relação dialética com a norma e o limite (a regra e a lei) e representa um elemento importante dos processos de desenvolvimento dos grupos humanos, começando pelo sistema primário aberto familiar, no qual as pessoas elaboram a individuação contínua de suas diferenças e de sua identidade. Bucher (1992) afirma que, nas famílias de adolescentes em conflito com a lei, há uma total alienação em face das leis vigentes. Independentemente da classe social, nessas famílias ou por alguns de seus membros, a lei maior não é considerada nem respeitada e, muitas vezes, é até desprezada. Nesse sentido, as ações educativas e afetivas desempenhadas pela família são parâmetros não só de aceitação da autoridade da lei, mas também do equilíbrio da identidade do indivíduo que vai se formar dentro desse contexto. O ato que isoladamente pode ser visto como de transgressão à lei jurídica de um ponto de vista social ou jurídico, se visto de dentro da estrutura familiar, pode ter outro sentido (Bucher, 1992). Isso pode ser observado no diálogo estabelecido com *Paulo* e sua mãe quando questionada sobre o que pensa que levou o filho a se envolver com a justiça: *"Porque não me obedeceu...* Foi no dia das mães, falei para ele: 'Meu filho, hoje é dia das mães...', mas aquilo lá, meu filho... más companhia, né?".

Nesse trecho, podemos perceber que a mãe atribui o envolvimento do filho com a justiça ao simples fato (aparentemente isolado) de ele não a ter obedecido e saído no dia das mães e desqualifica outros motivos de ordem da responsabilidade direta do adolescente.

Sudbrack (1992) traz outra característica das famílias com transações delitogênicas: a relação mãe-filho situada no contexto das dificuldades de resolução da situação edípica. Observa-se entre as mães e seus filhos uma relação inicial de dependência muito grande. Quando crescem, as crianças não podem mais viver sem suas mães porque também elas não conseguiriam viver sem sua companhia. Essa interdependência emocional exerce uma influência perturbadora na formação da personalidade das crianças, conduzindo a conflitos, por vezes dramáticos, na puberdade.

> [...] hoje eu chego em casa, minha mãe já tá lá me esperando e tal... hoje não, hoje eu chego, já dou a bença para a minha veia. (*Paulo*)

> Meu pai é de menos... é mais distante um pouco. Não é que nem a mãe. Sei lá. A mãe é outra coisa. É diferente. Sempre gosta mais. Com o pai, a gente conversa tranquilo, brinca, tudo. Mas a mãe é uma coisa que... marca, né. Sei lá. A mãe é a pessoa. (*Joilson*)

A mãe surge como aquela que designa a criança a seu pai. O processo é descrito como uma via de duas mãos: se, por um lado, cabe à mãe introduzir o pai na relação que ele tem com a criança, ela também pode atuar no sentido de proibir o filho de ter acesso ao pai. É ela que decidirá qual relação a criança poderá estabelecer com seu pai, sendo este seu genitor ou não (Sudbrack, 1992). Não podemos deixar de levar em consideração que os pais também abandonam os filhos, mas é possível observar que a mãe também exclui o pai, ou seja, um aspecto não anula o outro, eles podem acontecer concomitantemente.

Nesse sentido, Fishman (1996) afirma que, nos últimos trinta anos, houve grandes mudanças na vida familiar. A tradicional família, de três gerações (avós, pais e filhos), tem sido, gradualmente, substituída pela organização de mães (pais), amigos e ajudantes. Um dos resultados desse processo é que o jovem recorre mais aos iguais e aos irmãos, assim como por eles é mais influenciado. Minuchin e colegas (1967) descobriram que, nas famílias de adolescentes em conflito com a lei, os irmãos eram muito importantes no desenvolvimento do autoconceito. As figuras parentais continuam sendo importantes, mas, como oferecem frágeis vínculos, existe uma desistência efetiva da autoridade parental e o resultado é que o subsistema de irmãos se torna ainda mais poderoso.

Isso fica claro para nós no discurso de *Paulo*, quando afirmava que se identificava mais com o irmão mais velho que morreu assassinado, e que se sentia próximo do tio paterno, o que foi decisivo para seu envolvimento com a Justiça. Nossa observação nos leva à importância da presença/ausência do pai na educação desses adolescentes. Os três jovens entrevistados só contaram com a figura da mãe na realização das entrevistas familiares, mesmo *Márcio*, que morava com o pai. Tanto no relato dos adolescentes quanto no de suas mães ficou claro que, quando o pai participava da vida do filho, o fazia de modo coadjuvante e pouco ativo; as responsabilidade e decisões em relação ao filho ficavam relegadas à mãe.

Uma característica comum às famílias com esses jovens em conflito com a lei é que a autoridade parental foi enfraquecida de alguma maneira. Minuchin e colegas. (1967), em seus estudos, encontraram muitas famílias em que ou não havia nenhuma figura do pai real ou, se estava presente, o homem geralmente era uma figura temporária. Nessa segunda categoria, o pai tendia a delegar completamente à mulher a criação e a educação dos filhos, como se essas áreas de desenvolvimento fossem exclusivas da mãe. Fishman (1996) aponta que há outros padrões de autoridade parental enfraquecida. Em algumas famílias, as figuras parentais não são efetivas porque existe um padrão crônico de discórdia entre os pais. A desavença ou a divisão pode existir em qualquer combinação de figuras parentais. Ou seja, os pais podem estar presentes em casa, mas numa crônica discordância, com um deles superenvolvido com um dos filhos, geralmente o que está em conflito com a lei; ou a divisão incapacitadora pode ser entre um dos pais e um dos avós; ou entre a agência social e o tribunal que são responsáveis pelo adolescente. Seja qual for a cisão, o resultado é a mesma autoridade executiva ineficaz que obriga o jovem a buscar alguma orientação sozinho, onde puder encontrá-la.

Diante desse quadro, o adolescente em conflito com a lei se apresenta como aquele em busca de um pai, em busca da Lei perdida – a lei interna e seus atos podem até ser considerados como uma denúncia dessa falta e, por assim dizer, uma busca de ajuda, um movimento de preservação da sua saúde psíquica, segundo Sudbrack (1992). Essa autora indica que a elaboração do modelo mítico de cada família nos permite compreender que esse funcionamento de "atuar fora, aquilo que não é permitido falar dentro" (expresso por aquele que apresenta o problema na família) inscreve-se em um registro mais profundo, protegendo o campo do "não dito", do "segredo familiar". A autora observa, ainda, até que ponto a designação precoce de transgressor à lei contém uma dimensão transgeracional, na medida em que serve para fugir de um tabu familiar sobre a loucura, que se instala a partir de um passado psiquiátrico dos pais (principalmente da mãe) e que o adolescente se vê, por vezes, condenado a repetir. Questiona-se, também, qual a função dessa gestão do sintoma na manutenção do equilíbrio familiar pelas instâncias diversas que atribuem, então, a esse adolescente *status* diferente, ora como delinquente (culpado), ora como doente (vítima).

Na passagem a seguir, é possível observarmos de forma bem clara a função que o "sintoma" (o envolvimento do adolescente com a justiça) ocupou na dinâmica familiar do adolescente *Márcio*:

> *Mãe*: [...] fiquei em pânico, eu não sabia o que eu fazia. Aí liguei para o pai dele que disse que era para ele morrer lá na cadeia. Coisa de grosso, sabe? Aí eu falei assim que não era certo, aí eu conversei com ele e ele queria pagar um advogado. [...] todo sábado íamos visitar ele, eu e o pai dele. Até então, antes dele ser preso, a gente não conversava, nem eu andava aqui [na casa do pai] também não. Aí foi que a gente começou a conversar o básico...
> *Pesquisadora*: Como você se sente escutando isso?
> *Márcio*: tipo... um *cupido*.

Essa situação relacionada com o modelo mítico criado pela família, até o momento da entrevista conosco, não parecia ter sido elaborada tanto pelo adolescente quanto por seus pais. Isso também é observado no relato abaixo da mãe do *Paulo*:

> Já tá anotado, tudo anotadinho, ela já deve ter arquivado, que ele está estudando, está trabalhando. Então ele vai ver. Eu tenho certeza, dentro de mim, Meu Deus, que dentro desses dois meses, ele vai tirar o nome do meu filho de lá. Eu tenho certeza. Porque o nome do meu filho não tá na ocorrência de polícia, só tá com ele [juiz]. Eu sei, já mandei olhar. Eu tenho uma preocupação tão grande dele fichado. Ao menos ele vai tirar o nome do meu filho de lá, ele vai apagar.

Essa mãe traz uma grande preocupação relacionada ao fato de

o nome do filho ainda estar sob poder da Justiça, chegando a afirmar que o adolescente está trabalhando e estudando e que isso vai contribuir para o nome dele ser retirado do processo. Porém, essa informação ia de encontro ao que o próprio adolescente relatou sobre sua situação escolar: ele afirmou que já não estudava há aproximadamente sete meses e sua mãe sabia disso. Isso nos remete mais uma vez a Bucher (1992), quando ele se refere ao ato que, isoladamente, pode ser visto como transgressão à lei jurídica de um ponto de vista social ou jurídico, mas que dentro da estrutura familiar pode ter outro sentido, muito mais relacionado ao modelo mítico criado pela própria família.

REPERCUSSÃO DA SITUAÇÃO DE CONFLITO COM A LEI PARA O TRABALHO DO ADOLESCENTE

O MODELO MÍTICO ELABORADO por Sudbrack (1992) aponta os efeitos que a não circulação da palavra (o não dito) podem ter para o indivíduo, seja na família ou no trabalho. Numa perspectiva mais ampla, Karam (2003, p. 468) compreende que o "sujeito só acontece plenamente quando, por meio do trabalho, a palavra psicológica acede à palavra política, ou seja, quando o trabalho lança com sucesso esse indivíduo da esfera doméstica à pública".

Pensamos que esses jovens podem ser vistos dentro dessa análise. E tal relação, da palavra psicológica e política, fortalece-se (ou enfraquece-se porque não existe) na medida em que o acesso à palavra que o adolescente tem em seu trabalho está comprometido, pois nenhum dos empregadores sabe da passagem de seus funcionários no âmbito judicial. Os jovens relataram que eles não seriam contratados se os patrões soubessem, demonstrando inclusive preocupação com a possibilidade de que fossem descobertos:

Paulo: Não. Não sabem não. Mas depois que eu for fichado, eles podem pedir minha ficha... Eu já perguntei lá e falaram que nunca pediram não. Mas só de falar que a gente é do subúrbio, aí já pode pensar assim, entendeu?

Outro ponto que consideramos importante em relação ao trabalho do adolescente é a necessidade do envolvimento afetivo para a realização do mesmo, conforme Vasques-Menezes (2004). O trabalhador precisa estabelecer um vínculo desse tipo com a atividade para que possa se sentir adequado às funções e com capacidade de desenvolvê-las. Para tanto, necessita "romper" ou, ao menos, requalificar um vínculo afetivo de outra ordem (como a familiar, por exemplo). Contudo, nossos adolescentes não podem se apropriar de suas histórias de vida no contexto do trabalho, já que as omitem para seus empregadores. E nessa perspectiva, o envolvimento afetivo necessário à realização das tarefas pode ficar comprometido, uma vez que o trabalho se torna um espaço para *não ser delinquente*.

Com isso, temos acesso ao sofrimento no trabalho. Dejours e Abdoucheli (1994) distinguem dois tipos de sofrimento: o criador e o patogênico. Este último surge quando todas as possibilidades de transformação, aperfeiçoamento e gestão da maneira de organizar o trabalho já foram tentadas, ou melhor, quando somente pressões fixas, rígidas, repetitivas e frustrantes configuram uma sensação generalizada de incapacidade. Todavia, quando as ações no trabalho são criativas, possibilitam a modificação do sofrimento, contribuem para uma estruturação positiva da identidade, aumentam a resistência da pessoa às várias formas de desequilíbrios psíquicos e corporais. Dessa forma, o trabalho pode ser o mediador entre a saúde e a doença, o sofrimento criador e o patogênico. Portanto, pensamos que a situação de conflito ainda não elaborada na família influencia a atuação desse adolescente como trabalhador e que o trabalho, *a priori*, contribui para a não elaboração desse conflito, na medida em que "abafa" a voz que há muito quer ser proferida pelo adolescente.

Contudo, não podemos deixar de levar em consideração que, conforme afirmam Morin, Tonelli e Pliopas (2007), o trabalho possui uma dimensão social de sentido que promove inserção social e significa pertencer a um grupo. No caso desses jovens, significa pertencer a um grupo socialmente aceito, eles passam de uma atividade condenável e punida para uma moralmente aceita. Por meio do trabalho, reintegram-se com um novo *status* em seu grupo familiar, requalificando a relação com seus pais, que passam a confiar neles, reconhecer seu esforço e valorizar sua mudança. Ou seja, há uma ressignificação da dinâmica familiar que favorece o pertencimento do adolescente ao grupo familiar.

CONSIDERAÇÕES FINAIS

GUARESHI (2004), QUANDO DISCUTE competitividade e exclusão social, fala sobre uma integração perversa, isto é, um processo de trabalho que se dá numa economia – declarada por lei como criminosa – com atividades de geração de renda, como tráfico de drogas, contrabando, extorsões, entre outros. Acreditamos que a experiência de trabalho para os jovens desse estudo pôde se apresentar como alternativa a essa integração perversa, uma vez que os tirou da rua, embora tenha contribuído para a formação de uma "não identidade" (estar no trabalho é não estar em outro lugar para não ser outra coisa, marginal, por exemplo), e não para reforço ou construção de uma identidade de trabalhador. Contudo, não podemos deixar de lado que esse *"não ser marginal"* pode ser um caminho para o adolescente *"ser"* outra coisa, ele pode desconstruir a identidade de bandido e construir a de "honesto".

E para a construção dessa "nova" identidade ("honesto"), contribuem sobremaneira as relações familiares, ou melhor, a ressignificação dessas relações, feita com base na experiência de trabalho desses jovens, pois todos retrataram uma mudança significativa no convívio com a família depois que começaram a trabalhar, principalmente no que se refere à confiança depositada neles. Eles afirmam que, desde então, os pais passaram a acreditar mais neles, chateá-los menos, já que não têm tempo para ficar na rua. Especificamente *Paulo* relatou que começou a conseguir receber regras, pois achava que nunca conseguiria ser "mandado" por alguém.

Isso denota a importância que o trabalho tem na vida dessas famílias, possibilita uma ressignificação na forma como o adolescente é visto dentro do sistema familiar: ele passa de uma pessoa irresponsável, desocupada e rebelde, para ser um trabalhador, responsável e provedor. E tal mudança, certamente, influenciará as relações estabelecidas por esses jovens em outros contextos, pois, de acordo com Minuchin (1990), cada sentido de identidade individual é influenciado por seu sentido de pertencimento a diferentes grupos.

Outro contexto importante no qual se nota a influência positiva da experiência de trabalho do adolescente, em cumprimento de medida socioeducativa, é o próprio sistema judiciário no qual ele está inserido, pois, além da ressignificação de sua inserção social e familiar, há uma requalificação desse jovem diante da medida socioeducativa que cumpre. Assim, o adolescente também passa a ser visto como alguém responsável que ocupa seu tempo com atividades socialmente aceitas, deixando de se envolver com atos infracionais e atividades ilícitas.

Para a clínica da adolescência, esse fato é de extrema relevância, visto que, conforme retratam Guimarães e Costa (2002) no estudo desses jovens, a perspectiva sistêmica tem uma repercussão fundamental, pois inclui a compreensão do contexto social e familiar que envolve o sujeito. Com base nisso, a clínica psicológica de adolescentes se preocupa em compreender os diversos sistemas que compõem o seu contexto social, dando especial atenção aos grupos de pares, à escola e ao sistema familiar (Fishman, 1998).

Estudos sobre o grupo familiar tiveram a surpresa de constatar que não só o adolescente passa por transformações nesse período, mas toda a família. Pesquisadores e terapeutas concebem a adolescência como um período que "exige mudanças estruturais e renegociação de papéis nas famílias, envolvendo pelo menos três gerações de parentes" (Preto, 1995, p. 223).

As alterações na organização do sistema familiar têm implicação fundamental no processo de individuação do adolescente (Fishman, 1996; Stanton et al., 1988), e a perspectiva sistêmica ressalta que esse processo não é vivido de forma unilateral – do filho em relação aos pais, mas na direção inversa. Dessa forma, enquanto o adolescente se depara com o desafio de começar a tomar suas próprias decisões e a assumir maior responsabilidade sobre seus atos, os pais são desafiados a, gradativamente, delegar responsabilidade (Minuchin, 1990), sem que isso signifique um distanciamento emocional. E a experiência de trabalho do jovem, conforme vimos anteriormente, além de favorecer essa redefinição de papéis que a adolescência exige do sistema familiar, atua com um importante elemento de uma rede social de proteção a ele.

Marra (2005) afirma que a rede social de cada um corresponde ao nicho interpessoal e possibilita o reconhecimento do sujeito como pertencente àquele grupo, fornecendo experiência individual e de identidade.

Convém destacar ainda, como assinala Marra (2005, p. 15), a importância da prática das redes sociais como intervenção de prevenção, uma vez que "possibilita aos membros da comunidade e aos grupos tecer suas tramas, transformá-las em retramas, até constituir um tecido social continente para suas relações de confiança, seus espaços de conversação e diálogos".

REFERÊNCIAS BIBLIOGRÁFICAS

BUCHER, J. F. "Lei, transgressões e família". *Psicologia: Teoria e Pesquisa*, Instituto de Psicologia da UnB, Brasília, v. 8, 1992, p. 475-83 (suplemento).

CAMPOS, H. R.; FRANCISCHINI, R. "Trabalho infantil produtivo e desenvolvimento humano". *Psicologia em Estudo,* Departamento de Psicologia da Universidade Estadual de Maringá, v. 1, n. 1, jan./jun. 2003. Disponível em <http://www.scielo.br/scielo.php?script=sci_arttext&pid=S1413--73722003000100015&lng=en&nrm=iso>. Acesso em: 2 maio 2010.

CASTEL, R. "Os marginais na história". *Ser Social,* Departamento de Serviço Social da UnB, Brasília, v. 3 n. 3, 1998, p. 55-66.

CATTANI, A. D. *Trabalho & autonomia.* Petrópolis: Vozes, 1996.

DEJOURS, C.; ABDOUCHELI, E. "Itinerário teórico em psicopatologia do trabalho". In: BETIOL, M. I. S. (org.). *Psicodinâmica do trabalho: contribuições da escola dejouriana à análise da relação prazer, sofrimento e trabalho.* São Paulo: Atlas, 1994, p. 119-45.

FISHMAN, H. C. *Tratando adolescentes com problemas: uma abordagem da terapia familiar.* Porto Alegre: Artes Médicas, 1996.

_____. *Terapia estrutural intensiva.* Porto Alegre: Artes Médicas, 1998.

GONZÁLEZ REY, F. *Pesquisa qualitativa em psicologia: caminhos e desafio.* São Paulo: Thomson, 2002.

GUARESHI, P. A. "Pressupostos psicossociais da exclusão: competitividade e culpabilização". In: SAWAIA, B. (org.). *As artimanhas da exclusão: análise psicossocial e ética da desigualdade social.* Petrópolis: Vozes, 2004, p. 141-56.

GUIMARÃES, F. L.; COSTA, L. F. "Clínica psicológica do adolescente: do sistema à abordagem narrativista". *Paideia: Cadernos de Psicologia e Educação,* Faculdade de Filosofia Ciências e Letras de Ribeirão Preto, v. 12, n. 24, 2002, p. 163-74.

GUIMARÃES, R. M.; ROMANELLI, G. "A inserção de adolescentes no mercado de trabalho através de uma ONG". *Psicologia em Estudo,* Departamento de Psicologia da Universidade Estadual de Maringá, v. 2, 2002, p. 117-26.

KARAM, E. "O sujeito entre a alcoolização e a cidadania: perspectiva clínica do trabalho". *Revista de Psiquiatria do Rio Grande do Sul,* Porto Alegre, v. 25, n. 3, 2003, p. 468-74.

MARRA, M. M. "Introdução". In: FLEURY, H. J.; MARRA, M. M. (orgs.). *Intervenções grupais na saúde.* São Paulo: Ágora, 2005, p. 13-6.

MINAYO, M. C. de S. *O desafio do conhecimento: pesquisa qualitativa em saúde.* 4. ed. São Paulo: Hucitec; Rio de Janeiro: Abrasco, 1996.

MINUCHIN, S. et al. *Families of the slums: an exploration of their structure and treatment.* Nova York: Basic Books, 1967.

MINUCHIN, S. *Famílias, funcionamento & tratamento.* Porto Alegre: Artes Médicas, 1990.

MORIN, E.; TONELLI, M. J.; PLIOPAS, A. L. V. "O trabalho e seus sentidos". *Psicologia & Sociedade,* Associação Brasileira de Psicologia Social, v. 19, n. especial 1, Recife, 2007, p. 47-56.

PEREIRA, S. E. F. N.; SUDBRACK, M. F. O. "Avaliação das redes sociais de adolescentes em situação de risco". In: SUDBRACK, M. F. O. *et al.* (orgs.). *Adolescentes e drogas no contexto da Justiça.* Brasília: Plano, 2003, p. 167-90.

PENSO, M. A. *Dinâmicas familiares e construções identitárias de adolescentes envolvidos em atos infracionais e com drogas.* 2003. Tese (Doutorado em Psicologia) Universidade de Brasília, Brasília (DF).

PRETO, N. G. "Transformações do sistema familiar na adolescência". In: CARTER, B.; MCGOLDRICK, M. (orgs.). *As mudanças no ciclo de vida familiar.* 2. ed. Trad. M. A. V. Veronese. Porto Alegre: Artes Médicas, 1995, p. 223-47.

SEGOND, P. "Família e transgressão". *Psicologia: Teoria e Pesquisa*, Instituto de Psicologia da UnB, Brasília, v. 8, 1992, p. 433-45 (suplemento).

SUDBRACK, M. F. O. "Da falta do pai à busca da lei: o significado da passagem ao ato delinquente no contexto familiar e institucional". *Psicologia: Teoria e Pesquisa,* Instituto de Psicologia da UnB, Brasília, v. 8, 1992, p. 447-57 (suplemento).

STANTON, M. D. *et al.* "El modelo terapéutico". In: STANTON, M. D.; TODD T. C. (orgs.). *Terapia familiar del abuso y adiccion a las drogas.* Trad. C. Gardini. Buenos Aires: Gedisa, 1988, p. 101-59.

VASQUES-MENEZES, I. "Por onde passa a categoria trabalho na prática terapêutica?" In: CODO, W. (org.). *O trabalho enlouquece? Um encontro entre a clínica e o trabalho.* Petrópolis: Vozes, 2004, p. 23-52.

PARTE III
A clínica da família

10. A violência como padrão de comunicação familiar

MARIA EVELINE CASCARDO RAMOS

MÁRCIA E PEDRO SÃO CASADOS há 16 anos. Logo no primeiro ano de casamento tiveram a primeira filha, Karina, e dois anos após nasceu o filho Daniel. Márcia está no fim de um curso superior há mais de quatro anos, e não consegue concluí-lo devido ao excesso de faltas e à negligência com os estudos. Pedro é engenheiro de minas, mas, atualmente, não exerce a profissão, pois é funcionário concursado de um órgão público, em que ocupa cargo expressivo e recebe bem mais que a média dos salários do funcionalismo público federal; é ele quem leva os filhos à escola, cobra tarefas, faz as compras no mercado.

Márcia quase não desempenha atividades de estudo, trabalho ou mesmo de cuidado com os filhos, porque passa praticamente todos os seus dias dormindo sob o efeito de tranquilizantes. Karina, 15 anos, tira boas notas, disputa o computador com o irmão, protege a mãe quando briga com o marido, e o irmão quando briga com os pais. Segundo relato dos pais, Karina é uma menina malcriada, que não estuda, só quer ficar com as amigas e com futilidades. Daniel, 13 anos, também tira notas boas na escola, passa todo o tempo livre interagindo com o computador e, segundo sua mãe, "tem crises de nervosismo e quebra tudo em casa".

A família pertence à classe média, não tem problemas financeiros e os filhos estudam em escolas particulares das mais renomadas da cidade. Pedro e Márcia vivem história de violência intrafamiliar desde que se casaram. Márcia usa remédios sedativos para dormir, que consegue sem consulta ao psiquiatra, e dorme praticamente o dia inteiro. A denúncia de agressão de Pedro foi feita por Karina, apoiada pela mãe, numa ocasião em que o pai bateu muito na filha, machucando seu braço. Tomaram essa decisão "porque já estava demais".

A leitura sistêmica da família nos mostra que os subsistemas, assim como as pessoas que os compõem, são influenciados uns pelos outros. Dessa forma, é de se esperar que as interações provoquem emoções e sentimentos em todos os membros do grupo; e com esse pressuposto, tem-se que incluir os filhos nos cuidados do terapeuta e nas intervenções terapêuticas. Com base nessa concepção, temos incluído as crianças e adolescentes, principalmente, nos trabalhos com as famílias em situação de violência, o que caracteriza o trabalho como terapia do grupo familiar.

Nas sessões de terapia com os personagens do início deste texto, os quatro foram ao primeiro encontro. Os cônjuges comentaram que as relações parentais e conjugais eram permeadas de ações e reações violentas, das quais todos participavam. Karina e Daniel se apresentaram retraídos, concordando com gestos de cabeça e olhares cúmplices. Pedro e Márcia falaram muito, em tons que se alternavam entre a queixa e o desabafo, que primavam pelas acusações repletas de raiva. Pedro se dizia desrespeitado, sem ajuda da mulher, que não queria trabalhar nem estudar; qualificava-a de "preguiçosa", "fútil"; não se conformava com a denúncia da filha e da mulher, que o havia colocado na classificação de "bandido" para a sociedade. Márcia também se dizia desrespeitada, sem interesse em sua formação e alvo de agressões físicas e psicológicas desde o princípio do casamento; afirmava ter acompanhado a filha na denúncia por concordar que "esta situação tinha que parar", pois não aguentava mais ver Pedro tão agressivo com a filha, embora continuasse aceitando a violência destinada a ela própria.

O segundo encontro foi apenas com os filhos. Nessa sessão, eles falaram muito. Karina colocou o pai como agressivo e violento: "Tem hora que parece outro! [...] vira bicho". Brincou com o irmão, demonstrou proteção e cuidado em relação a ele. Quanto à mãe, definiu-a como mentirosa, "que dorme o dia inteiro, não faz nada, aceita tudo do pai". Não soube explicar por que ela mente, mas emendou dizendo que ela não gostava de levantar nem de cuidar da casa, que para isso tem uma empregada. Vale observar que a trabalhadora doméstica não preparava o jantar para Pedro, que, por sua vez, reclamava por ter de dormir com fome.

A família se colocou disponível para comparecer aos atendimentos. Mesmo sendo por encaminhamento da Justiça, pareciam desejar se ver em relação. E isso possibilitou melhor compreensão da dinâmica familiar.

Percebeu-se que a construção dessa família se deu atendendo às necessidades individuais de proteção e independência familiar do par conjugal. Para Márcia, o casamento teve o significado de libertar-se do papel de empregada doméstica que desempenhava na casa de Pedro, assim como da convivência familiar na casa dos avós maternos, ambos motivos que lhe causavam grande sofrimento. Para Pedro, foi a vontade de casar, pois estava na hora de construir uma família. O enlace representou ainda, para ele, o encontro do par perfeito para as suas lacunas afetivas, pois via a esposa como uma pessoa subordinada a ordens, comunicativa, alegre e espirituosa, aspectos com os quais ele tinha dificuldades. Os dois admitiram que não havia amor de nenhum dos dois, embora tivessem uma química sexual muito boa, que perdurava até então.

Pudemos perceber uma aliança entre mãe e filha – que nos momentos de tensão incluía o filho – contra o pai. Foi dessa forma que eles se apresentaram em vários encontros: os três contra o pai. Entretanto, nos momentos em que as relações se acalmavam, o pai era incluído e a mãe excluída. Quando a situação não envolvia agressão paterna, a mãe era excluída, ou se excluía por negligência, ou por dormir o dia inteiro.

Analisando a comunicação dos dois, lembramos que, na intenção de se unir, a mensagem verbal de um para o outro foi: vamos nos casar, embora as mensagens subliminares fossem outras. Pedro relatou que queria formar uma família e que Márcia era uma mulher agradável, acostumada a obedecer ordens. Ela, por sua vez, queria, justamente, sair desse papel e buscar proteção e cuidado. Esses desejos parecem ter sido fundantes da interação do casal e da família, e eram tão distintos no que concerne ao plano conjugal, que os dois se uniram como estranhos.

Pedro, esperando conquistar a mulher e filhos, no papel de marido e pai, passou a lutar, literalmente, para dominá-la – que queria, justamente, a liberdade – e transferia seu desejo de poder para a relação com os filhos; ora de cuidado, ora de imposição.

A união conjugal aconteceu sem que o casal vivenciasse as etapas do namoro, que envolvem a paixão e impulsionam para o desenvolvimento da intimidade e o amadurecimento da confirmação do outro como companheiro, o que os levaria, processualmente, à decisão de se unir e à programação para o casamento.

Quanto às relações com a família extensa – parte da rede social que envolve as duas famílias de origem e que passa a compartilhar da vida do casal –, os dois a definem como um desastre. Márcia se afastou de sua família, como queria, e Pedro não se entende com a dele, que não a aceita. Pedro e Márcia relataram que as relações com as duas famílias são permeadas de agressões. As irmãs de Pedro agridem Márcia, que agride o sogro, que agride Pedro, que agride a mulher e os filhos, e estes que se agridem entre si.

Percorrendo o caminho inverso, remontando lembranças, numa "volta à infância", Pedro revelou ser oriundo de família com valores muito rígidos, o que parece ter acarretado dificuldades emocionais como a construção dos seus papéis afetivos e sociais de marido e pai. Talvez a maior violência sofrida por Pedro tenha sido a negligência, pois seus pais não o maltratavam fisicamente, mas também não estavam lá, presentes, quando ele precisava.

A mensagem positiva a que Pedro deu significado foi: "Vai estudar!" Assim, tomou para si a obrigação de estudar, procurando um objeto de conexão com seu pai. A mãe não exigia nada; dedicava-se aos afazeres domésticos cuidando da casa, da roupa e da alimentação. Pedro não reclamava de nada e vivia para o estudo, com poucos amigos. Segundo ele próprio, nem a profissão nem o trabalho foram escolhas conscientes ou afetivas. A faculdade fazia parte das suas obrigações, então fez engenharia de minas imaginando que seria "uma boa profissão", importante, que lhe daria oportunidades. Ao terminar o curso, entretanto, voltou para casa e ficou sem fazer nada até que um amigo lhe perguntou em que ia trabalhar e o orientou para fazer um concurso.

A infância sem elogios ou reconhecimento dos pais leva a desconfirmação da criança como pessoa. Conforme Watzlawick, Beavin e Jackson (1973), a desconfirmação é um tipo de comunicação que significa "você não existe" e dá a dimensão da insignificância do ser. Podemos pensar que a violência de Pedro nas relações familiares seja um padrão comunicacional criado para que ele exerça o poder necessário para a vivência societária e, embora a forma e a intensidade das ações extrapolem qualquer limite de interação saudável, está em conformidade com a intensidade de violência sofrida por ele na infância.

Márcia relatou, com muito sofrimento, que não foi criada pela genitora, que a abandonou e "ganhou o mundo" sem dizer para onde ia, levando consigo o segredo da identidade de seu pai. Na casa dos avós maternos, ela sofreu abuso sexual e maus-tratos físicos por seus tios, com quem divida o mesmo teto, e viveu situações reveladoras de desproteção emocional. Foi também nessa casa que ela, ainda muito jovem, iniciou as atividades e as obrigações dos trabalhos domésticos.

Observada a dinâmica familiar de origem de Pedro e Márcia e o padrão de relação dos dois com seus filhos, podemos notar que o seu desenvolvimento psicoafetivo ficou comprometido. Ela precisou utilizar, durante toda a sua vida, mecanismos de defesa, a fim de anestesiar o sofrimento decorrente de situações de intensidade maior que sua capacidade de maturação e de adaptar-se às pressões e tensões da vida familiar na primeira infância. As tensões se tornaram crônicas, e ela optou por assumir as responsabilidades dos papéis de esposa, mãe e dona de casa, que a levaram ao acúmulo de funções para as quais não tinha maturidade psicológica e emocional para enfrentar. Pedro, ao contrário, parecia ter introjetado a ordem inquestionável do pai como referência para a paternidade.

A terapia familiar se desenvolve em um espaço de escuta em que todos têm a oportunidade de explicitar as dificuldades, as mágoas, as preocupações. Nessa família, o sofrimento veio por abandono, maus-tratos, negligência, pela falta de resposta efetiva à dependência infantil, essencial ao desenvolvimento da criança.

Entende-se que os membros dessa família carregavam dentro de si a criança ferida pela dor emocional e as mágoas não resolvidas na infância; e haviam transformado a convivência familiar em diversas maneiras de violência e destruição. Pedro não conseguia se posicionar como esposo e pai, acumulando insatisfação, mágoas e raiva; lidava com regras e valores com muita justiça e seriedade, mas não equilibrava suas normas com as da esposa e as necessidades dos filhos. Parecia ter claras suas responsabilidades de pai educador que precisa impor limites, mas tinha dificuldade de expressar seus sentimentos de descontentamento, de analisar e negociar as soluções aos problemas, o que fazia que transformasse sua decepção com a "desobediência" dos filhos e/ou mulher em raiva, e agisse com violência contra eles.

Com os filhos adolescentes, pode-se dizer que Pedro tentava encontrar novas formas de atuação em casa e demonstrava mais paciência e serenidade ao colocar limites. Esse novo comportamento foi comentado pelos filhos e por Márcia nas últimas sessões de terapia familiar. Entretanto, essa harmonia não se sustentou por muito tempo; Karina e Daniel se alternam na provocação aos pais; a jovem, desobedecendo e ameaçando desobedecer diretamente o pai, que, por sua vez, respondia à provocação; e o garoto, com comportamentos agressivos e destrutivos contra a irmã, a escola e a casa, envolvendo-se em brigas com frequência, respondendo mal aos professores, não cumprindo com as tarefas de casa e irritando a mãe com o "quebra-quebra" em casa.

Nessa fase, todos pareciam irmãos: não havia pai ou mãe, era um sistema sem poder definido, sem orientação. Apesar de tudo isso, os meninos alcançavam notas altas nas provas, sem dificuldades para serem aprovados. Como o pai, eram bons alunos, mas ao contrário dele, que se calava diante de seus próprios pais, reagiam às atitudes que os faziam sofrer, embora indiretamente; emitiam alguns comportamentos agressivos quando o pai era violento com a mãe, o que acontecia frequentemente. Nas sessões terapêuticas Daniel não demonstrava relacionar seu comportamento com uma resposta ao que sofria em casa; quando se falava disso, ele se calava e brincava com algum objeto do consultório. Daniel foi vítima e, ao mesmo tempo, testemunha da violência em sua família. Via – ou ouvia – seu pai agredir sua mãe e, às vezes, sua irmã; sofria violência de sua mãe, que bate nele quando seu pai bate em Karina.

Podemos perceber que existem, nessa família, algumas alianças nas situações de agressão: mãe–filha e pai–filho, Márcia agride Daniel para atingir Pedro e defende Karina quando esta é vítima do pai: irmã–irmão, quando defendiam-se das agressões do pai a Karina: Mãe–filha–filho, quando defendiam a mãe das agressões do pai. Este, frequentemente, estava só, menos nos momentos em que relaxava suas defesas e cuidava dos filhos, brincava com eles ou os leva para passear.

É relevante o fato de que eles aceitavam sugestões da terapeuta para viajarem juntos em um fim de semana prolongado, ir ao cinema e lanchar no fim de semana, e outras atividades familiares em que pudessem exercitar a boa convivência, a conversa descontraída e o prazer da companhia de todos. Sempre cumpriam essas tarefas e gostavam dos passeios que faziam, mas quando retornaram, agiam como se aquilo tivesse sido um parêntese em suas vidas, como se não pudessem inseri-lo no seu *modus vivendi*.

Márcia não conseguia assumir o seu papel de mãe, corresponsável pelos cuidados com a casa e filhos; agia de forma regredida, colocando-se no lugar de filha de Karina, tentando obter o amor e a admiração que não teve dos próprios pais. Por sua vez, a filha legitimava a relação, ocupando o espaço da mãe, o que lhe trazia ganhos adicionais, pois estando no controle da mãe, podia garantir uma trégua entre os pais.

Márcia não conseguia evocar para si qualquer responsabilidade da casa, dos filhos, de seus estudos, trabalho fora de casa; ao contrário, agia como uma criança que necessita de colo e proteção. Adoecia com facilidade, não conseguia realizar tratamento psiquiátrico para o qual teve indicação médica; usava ou interrompia a medicação prescrita pelo especialista sem consultá-lo, o que, muitas vezes, a incapacitava para qualquer atividade e a fazia permanecer dopada pelos fortes efeitos da droga controlada, ingerida de modo aleatório. Com três meses de terapia este quadro mudou. Márcia relatou ter ido ao psiquiatra e estar seguindo a prescrição à risca. O que pudemos perceber foi que, sem dúvida, ela começou a se apresentar bem, mantendo uma conversa coerente e participativa.

SOBRE AS INTERAÇÕES ABUSIVAS

TEMOS O COMPORTAMENTO violento como fruto do esgotamento de possibilidades de interação. É a apropriação do poder pela força, procura a paralisação do outro pela impossibilidade, mesmo que momentânea, de elaboração de uma reação condizente com a ação sofrida. A violência tolhe a espontaneidade de quem a sofre, até mesmo pela sua desconfirmação. Quando o sujeito violentado é um filho, com mais razão isso ocorre, visto que esse papel já supõe obediência e submissão às ordens dos pais.

Nas sessões individuais, Pedro se colocou extremamente solitário; viveu uma infância sem carinhos, apenas com a obrigação de estudar, o que fez com desvelo. Sentia-se um bandido desde a denúncia de Karina e se revoltava com isso, pois sempre foi "uma pessoa honesta, que nunca fez mal a ninguém". Márcia, por sua vez, falou de uma vida de abusos e maus-tratos que recebeu de sua família, até que se empregou em casas de família, até chegar à casa da família de Pedro.

Sem coincidência, seus filhos Karina e Daniel também se mostraram desse modo: vivendo sem compreensão, sem atenção, mas com a obrigação de estudar. Podemos ver, aqui, que todos viveram com conforto material, mas com uma lacuna interacional expressiva. Essas quatro pessoas que integram a família se sentiram, e se sentem sós, sem carinho, vítimas de violência: física, sexual, psicológica, atualizando a violência da falta do afeto na infância. A análise dos integrantes desse sistema familiar nos aponta para uma vivência muito semelhante dos quatro protagonistas dessa história: Pedro, Márcia, Karina e Daniel. Os filhos, com a pouca idade que têm, já precisam reelaborar episódios e relacionamentos intrafamiliares que são tão sofridos como os dos pais. Assim como para o amor, para a mágoa também não há limite. Esses adolescentes parecem ser os catalisadores dos problemas e das emoções do casal.

Podem-se sintetizar as mensagens recebidas por Pedro e Márcia na infância como: "Pedro, estude e cale-se!" e "Márcia, obedeça e cale-se!" A mensagem de Pedro para Karina é: "Karina, estude e cale-se!"; a de Márcia para Daniel é: "Daniel, obedeça e cale-se!" Pai e mãe reeditam, com seus filhos, as relações que tinham em suas famílias de origem, como que lhes projetando seus problemas.

No intuito de refletir sobre a vulnerabilidade do adolescente na convivência familiar que envolve violência, consideramos situações que implicam agressão, seja ela de qualquer tipo: psicológica, física, sexual, por negligência. Cada família estabelece um padrão de interação que garante seu funcionamento. Como o comportamento é próprio das interações estabelecidas no contexto em que se vive, pode-se, em realidades diferentes, desenvolver comportamentos diversos, o que significa dizer que uma pessoa pode ser agressiva em um grupo e submissa em outro. Esse fato se relaciona, também, com a construção dos papéis sociais que, segundo Moreno (1975), ocorre ao longo das experiências relacionais e, mais do que isso, o indivíduo constitui o Eu a partir dos papéis e das interações sociais, o que dá à sua dimensão elementos próprios e da coletividade. Outra colocação de Moreno diz respeito às circunstâncias socioeconômicas, a inserção social em classes, o átomo social e a rede sociométrica como determinantes das funções sociais do indivíduo. A visão sistêmica e a moreniana são, portanto, complementares.

Compreende-se que, quando o ambiente familiar é de violência (emocional, sexual, física, química, ou indulgência e submissão exageradas), a criança acredita que é responsável e culpada pela violência, deixa de gerar autoestima e torna-se aprisionada em si mesma, comprometendo a construção de uma vida interior saudável. As carências afetivas da infância podem desenvolver sentimentos de menos-valia, insegurança emocional e doenças psicossomáticas. A criança aprende a desvalorizar-se e a tornar-se codependente de situações que a prejudicam, passando a acreditar verdadeiramente no outro e a depender emocionalmente dele. Tanto Márcia com problemas respiratórios e depressão, como Pedro, com úlcera gástrica grave, nos apontam para isso. Acredita-se que a codependência nasce e se desenvolve dentro dos sistemas familiares e, se não tratada, é transmitida para as gerações futuras (Bradshaw, 2005). Nessa família, todos parecem estimular o comportamento agressivo e violento, como se fosse parte deles, como se isso os identificasse e lhes favorecesse o sentido de pertencimento ao grupo familiar.

O átomo social dos protagonistas dessa história nos mostra que as interações de Pedro com seus pais eram frias, uma vez que não se falavam sobre os desejos de cada um, das necessidades afetivas ou materiais, das alegrias ou dos medos. A distância se impunha pela omissão de intenções. Seus pais não atualizavam a comunicação sobre o que esperavam dele; Pedro sabia que "tinha que estudar", embora não soubesse "pra quê". E assim se desenvolveu, sem procurar razões nem explicações para sua vida. Conforme seu relato, sabia que não podia questionar as regras familiares, e assim viveu até resolver se casar, para ter uma família, agregar-se, sentir-se parte dela e, aí, colocar as regras.

Daniel demonstrou o mesmo entendimento sobre o comportamento violento: tem de existir, embora não saiba "pra quê". Ele não sabia o que ia ganhar com as brigas e o "quebra-quebra" além da confirmação de sua existência. Quando perguntado sobre o que sentia quando fazia essas coisas, dava de ombros e, com um sorriso nos lábios, dizia: "Sei lá!"

A família de Márcia também impunha regras difíceis de ser entendidas, pois era, ao mesmo tempo, sua rede de proteção e apoio, e a fonte de agressão física. Segundo Rouyer (1997) essa situação, principalmente quando envolve abuso sexual, vulnerabiliza a criança. Além do sofrimento pelo ato em si, a situação de dominação é ainda mais nefasta, pois dá à criança a dimensão da impotência, o que provoca, mais tarde, desordens de comportamento, distúrbios na sexualidade e na parentalidade. Márcia dizia ter ódio de sua família. Não visitava ninguém e evitava visitar a avó, porque seus tios estavam sempre lá; tinha dificuldade em ser mãe, papel que dividia com sua filha, se é que se pode dizer assim, pois o mais correto é dizer que havia transferido, para ela, a maternidade de Daniel e usufruía, pessoalmente, desses cuidados.

Karina, por sua vez, cuidava dela em relação aos remédios, procurava distraí-la acompanhando-a ao *shopping*, um passeio que gostavam de fazer, e desempenhava esse papel maternal com tranquilidade, embora não se furtasse a lhe reclamar atitudes de cuidado e proteção, o que fazia, geralmente, com agressividade. Ao mesmo tempo que cuidava, pedia cuidado, mas raramente conseguia. Perguntada sobre seus sentimentos sobre isso, dava de ombros e murmurava que "não adianta mesmo, que ela [a mãe] é assim mesmo".

Cada um deles, Pedro e Márcia, elegeu um filho para fazer aliança e o outro para depositar suas ansiedades. Bowen (*apud* Nichols e Schwartz, 2007) diz que "quanto mais a mãe focaliza sua ansiedade em um filho, mais o funcionamento desse filho é tolhido"; Daniel se colocava afastado da família, recorria à irmã para brincadeiras, provocações e procura de proteção, e interagia bem com o pai quando este o procurava. O retraimento podia ser verificado, também, em Karina, que era o objeto da projeção do pai. Pedro exigia de Karina a maturidade emocional que não conseguia ter, ou seja, queria que ela não o provocasse e o entendesse em seus destemperos, o que ela recusava. Entretanto, em sua maternagem, Karina protegia Daniel e se mostrava carinhosa com ele nas sessões, carinho esse confirmado pela mãe quando narrou a relação dos dois. Mas podemos perceber que os dois eram focalizados na ansiedade dos pais: Daniel pela mãe e Karina pelo pai, o que pode explicar o retraimento dos dois nas suas relações com os pais e os amigos.

Na realidade, a família é a matriz de identidade da criança, e as figuras materna e paterna têm papel fundamental nesse processo. A relação que um e outro estabelecem com os filhos lhes dá as dimensões de reconhecimento, confirmação e posição afetiva dentro do núcleo familiar. É com base nessas relações primárias, dos repetidos contatos da criança com seus pais, que são estabelecidas as bases para o desenvolvimento dos papéis sociais – que trazem a dimensão social do indivíduo e determinam a forma de relação que este terá com o meio, mesmo que impregnados da capacidade criadora do sujeito.

Refletindo sobre a relação de Pedro e Márcia com os filhos e com suas famílias de origem, avaliamos que ambos estão presos aos papéis aprendidos – de cobrança e desafeto – *cortados* em sua criatividade. Parece que, na infância, seus núcleos familiares, por negar ou rejeitar suas opiniões e seus desejos, os levaram à insatisfação pessoal e à impossibilidade de criar elementos novos nessa família. Isso os incapacitou para a mudança dos papéis aprendidos e para a eleição de novos papéis ou modos peculiares de desempenhar aqueles dos quais se apropriaram: pai, mãe, marido/mulher. Tal limitação fica clara na intolerância de Pedro à desobediência às regras que impõe à família, e na incompetência de Márcia para colocar normas para eles seguirem, o que são faces da mesma moeda.

As alianças que se formaram nesse núcleo familiar nos lembram o resultado de um reflexo especular, no qual os sujeitos da relação se veem um no outro, no que diz respeito à qualidade do sofrimento. Márcia e Karina desenvolveram uma aliança contra o pai, que incluía a parceria na denúncia contra este e a maternagem de Karina em relação à Márcia; também Pedro e Daniel tinham uma cumplicidade que estava presente na admiração que Pedro tinha pela facilidade de Daniel com a matemática e pelo seu jeito reservado de ser. O ônus dessas alianças aparecia em situações delicadas como aquelas em que Pedro agride Karina e Márcia agride Daniel como revide, para atingir Pedro. São cenas brutas e pesadas, nas quais todos se envolviam em uma discussão mediada pela violência, das quais todos saíam magoados; Pedro ficava furioso com Karina, porque "é ela quem provoca tudo isso", Márcia se sentia no lugar de vítima, junto com Karina, e esta tentava consolar Daniel, que apanhava "por nada". Frequentemente, esses episódios eram seguidos de "ataques" de destruição e brigas de Daniel, em casa e na escola, negligência com o estudo e "emburramento" de Karina.

Trabalhamos, nas sessões, a função que cada um dos filhos tem na família. Pedro e Márcia, de início, confundiam-na com culpa; todos culpavam todos, mas, em absoluto, refletiam sobre a responsabilidade de cada um no modelo de funcionamento da família. Karina e Daniel diziam que o problema era que o pai era muito estúpido, e a mãe não fazia nada, que deviam se separar, mas Karina queria "ficar na dela" e Daniel dizia que "tanto faz", pois nada iria mudar mesmo. Os quatro tinham essa sensação de paralisia diante de possibilidades de mudança; pareciam sofrer da "síndrome da esperança perdida", explicada por Sluzki (1997), quando fala das relações da rede de apoio dos indivíduos. Trata-se do desaparecimento da esperança de transformações, nesse caso, as transformações necessárias à interação familiar saudável ou mesmo às atenuações da violência relacional que não têm chance de acontecer, uma vez que os protagonistas dessa história a entendem como a única que pode ser verdadeira. Como se novas formas de desempenhar os papéis parentais e conjugais não estivessem à disposição dessa família. Com isso, o casal não se separava ou se mobilizava para a união, mesmo estando em terapia, revendo sua relação; e os filhos se mantinham na expectativa das crises, tentando preparar-se para ela todo o tempo. O que se via, entretanto, era uma preparação para a defesa, com respostas violentas e agressivas, conforme previam que seriam as atitudes dos pais, e não a preparação para uma relação familiar respeitosa, com papéis bem definidos e cada um sendo protegido em sua função dentro da família.

Em terapia, procuramos a ressignificação das situações enfrentadas pelos pais, na infância; pensamos que os elementos psicoemocionais de Pedro e Márcia precisam ser trabalhados a fim de revivenciar cenas importantes de sua infância, para que possam dar novos sentidos e novos significados às suas dores e suas mágoas e, assim, conseguirem se libertar delas e "aprenderem a crescer", conforme argumento do próprio Pedro.

Quanto aos filhos adolescentes, nosso trabalho é na mesma direção, pois o sofrimento tem as mesmas raízes. O que temos a seu (e nosso) favor é o tempo. Eles estão tendo a oportunidade de trabalhá-los em tempo real, têm seus pais com eles, o que favorece o confronto saudável entre os sentimentos, as necessidades e as percepções de cada um e, sobretudo nesse caso, têm a adesão dos pais à terapia familiar, o que denota uma preocupação com o núcleo da família e cada um em particular.

Nesse momento da terapia avaliamos que é necessário dar continuidade ao tratamento psicoterapêutico familiar em longo prazo, pois se entende que a situação de violência instalada nessa família é grave, assim como requer tempo e disponibilidade interna de todos, sempre renovada, para realizar mudanças. Acredita-se que é só recuperando o caminho percorrido, pranteando as dores sustentadas por tanto tempo e procurando resignificar o sofrimento vivido que será possível resgatar o amor e estima que não encontraram na infância. Nesse sentido, a necessidade é de todos: pai, mãe, filho e filha.

Embora seja difícil para todos, temos como meta comum que cada membro desta família assuma a autoria de sua história, permita-se modificar o argumento que seus pais "escreveram" para eles. Que criem novo modelo de interação no qual cada um tenha sua função identificada por todos, o que vai garantir a assunção e o desempenho do papel correspondente. Assim, marido e mulher serão marido e mulher, pai e mãe serão pai e mãe, e filho e filha poderão ser filho e filha.

REFERÊNCIAS BIBLIOGRÁFICAS

Bradshaw, J. *Volta ao lar*. São Paulo: Rocco, 2005.
Moreno, J. L. *Psicodrama*. São Paulo: Cultrix, 1975.
Nichols, M. P.; Schwartz, R. C. *Terapia familiar: conceitos e métodos*. Porto Alegre: Artes Médicas, 2007, p. 133.
Rouyer, M. "As crianças vítimas, consequências a curto e médio prazo". In: Gabel, M. (org.). *Crianças vítimas de abuso sexual*. São Paulo: Summus, 1997, p. 62-71.
Sluzki, Carlos E. *A rede social na prática sistêmica: alternativas terapêuticas*. São Paulo: Casa do Psicólogo, 1997.
Watzlawick, P.; Beavin, J. H.; Jackson, D. D. *Pragmática da comunicação humana*. São Paulo: Cultrix, 1973.

11. Aspectos socioeducativos da clínica de família

MARLENE MAGNABOSCO MARRA

EMBORA TODOS NÓS saibamos que tanto os aspectos clínicos quanto os aspectos socioeducativos e socioterapêuticos têm suas especificidades e particularidades de aplicação, eles transitam em diferentes contextos.

São muitos os formatos de psicoterapias e formas de intervenção socioeducativas e socioterapêuticas (práticas sociais) que vêm se desenvolvendo recentemente, por conta das diferentes demandas e solicitações às quais aquele que cuida de um grupo está sujeito. A fertilização de novas formas de abordagens, o encontro entre as teorias, bem como o desejo das pessoas em ampliar suas possibilidades de contato, desenvolver novos sentidos para suas experiências e a necessidade de adquirir e elucidar seus conhecimentos trouxeram grandes modificações nesse campo.

Cabe apontar, também, que a imbricação desses contextos requer do profissional uma atitude transdisciplinar, uma compreensão dos processos, uma conversação entre diferentes áreas do saber e uma capacidade de articular em diferentes culturas (Mello, Barros e Sommerman, 2002) que, reunidas, atendem a um campo de significações e sentidos para todos da família. Nesse sentido, nosso olhar sobre o individual, o social e o transdisciplinar implica uma outra forma de complementaridade com a demanda apresentada. Ao tentarmos decodificar juntos as informações provenientes do sistema, remetêmo-las a uma atitude de reflexão respeitosa e sensível ao sofrimento, mas, também, a uma atitude assertiva, explícita e coerente ao contexto.

O trabalho socioeducativo com as famílias tem sido estratégico principalmente em programas sociais, especialmente aqueles voltados à inclusão social e à defesa dos direitos. A família é eleita como unidade de ação, como base da sociedade, e é vista como sistema dinamizador de mudanças diante de situações de vulnerabilidade presentes nos processos de exclusão. É também vista como mediadora das relações entre seus membros e a coletividade.

Este texto tem a finalidade de discutir os aspectos socioeducativos e sua aplicação no contexto clínico dirigido às famílias. Nosso objetivo é dialogar sobre a aprendizagem de determinados aspectos relevantes para ela no que tange a seu funcionamento como grupo; alinhavar pontos de vista sobre a atuação do psicólogo no trabalho com famílias de condições socioeconômicas e culturais diversas, nos contextos socioeducacional e clínico; apontar estratégias na promoção da saúde e na formação e capacitação das famílias. Entendemos essa capacitação no sentido de favorecer e configurar um encontro terapêutico, alargando as possibilidades de ação e resolução das dificuldades de cada família. Ou seja, uma perspectiva de organização das experiências vividas, estabelecendo novas ordens e procurando novas articulações dos significados presentes no contexto, ora clínico, ora das práticas sociais, a fim de assegurar à família o exercício de suas competências.

Enfatizamos a educação transdisciplinar por considerar que seus pressupostos atendem e confirmam os aspectos contextuais, processuais, relacionais e sistêmicos contidos na constituição do conhecimento. Corresponde à ideologia e à política de construção do conhecimento que transcorre paralela ao desenvolvimento e amadurecimento dos grupos. A educação transdisciplinar incorpora todos os aspectos formais e informais da educação e compreende que a construção do conhecimento só se faz na interação. A prática de educar, ao mesmo tempo, investiga, intervém e avalia, possibilitando que os espaços de interlocução se tornem *locus* de transformação. Segundo Paulo Freire (1993), a educação é um modo de intervenção no mundo, gerando conhecimento e operando mudanças.

Jacques Delors (1991) conduziu os relatórios encaminhados à Organização das Nações Unidas para a Educação, a Ciência e a Cultura (Unesco) referentes à educação transdisciplinar para o século XXI. Quatro foram os pilares: aprender a conhecer, aprender a fazer, aprender a viver juntos e aprender a ser. Outros dois pilares foram acrescidos: aprender a participar e aprender a antecipar. Estes últimos foram elaborados por um grupo de participantes em uma conferência correlata em Zurique. A perspectiva transdisciplinar remete-nos à valorização de um significado que nasce da conversação e da crescente conscientização do lugar de cada um e do seu papel na organização do grupo familiar, do entendimento constante entre as partes e o todo. A participação e a movimentação das partes geram diferentes níveis de realidade e complexidade. É o protagonismo do "terceiro incluído" (Nicolescu, 2002).

Todo o produto do grupo convergente e divergente necessita de flexibilidade para ser digerido e transformado, a fim de que todos se sintam contemplados. Os valores que advêm dessa prática no trabalho socioeducativo com as famílias são a autonomia e a alteridade de seus membros, a solidariedade e a educação continuada para a ação-reflexão, propiciando a todos da família acessar suas próprias competências, transformando as adversidades em momentos coletivos de aprendizagem. A colaboração, o compartilhar entre todos do grupo envolvidos com o processo educativo, a solidariedade e a compaixão aumentam a qualidade da educação, pois formam "redes de saberes e de relações" que levarão ao conhecimento de forma sempre imprevisível (Mantoan, 2002).

ARTICULAÇÃO DOS ENFOQUES SISTÊMICOS
NUMA PERSPECTIVA SOCIOEDUCACIONAL

A FINALIDADE DO TRABALHO com as famílias, independentemente do contexto, é ajudá- las a transformar as situações de sofrimento e dificuldades em ações mais favoráveis e catalisadoras de saúde, tanto do ponto de vista individual quanto do grupo familiar e da coletividade. Ajudá-las a desenvolverem uma ação conjunta de corresponsabilidade partilhada.

Reunindo experiências de atendimento com famílias nos espaços públicos, comunitários ou institucionais, os resultados apontam para uma ressignificação da prática clínica. Assim, os aspectos socioeducacionais e socioterapêuticos dessas práticas foram incorporados à clínica e certamente o vice-versa também pode ser considerado. Surge daí uma prática clínica mais revitalizada, potencializada por aspectos socioeducacionais, de relações mais horizontais e rompendo com a fragmentação das especialidades. Uma clínica mais pontual, tratando de situações emergentes, podendo incluir todas as famílias independente de suas demandas. Assim, as dificuldades das famílias puderam ser acolhidas e incluídas em uma forma de atendimento que as contemplam, cabendo ao profissional encontrar o referencial que mais dará sustentação ao pedido de ajuda da família. Os aspectos socioeducacionais possibilitam às famílias terem e compreenderem modos de ação mais concretos e relevantes para suas demandas do aqui e agora bem como a diminuição de suas ansiedades.

Dessas experiências, quero destacar duas questões: os enfoques de intervenção socioeducacionais de natureza clínica; e as etapas de desenvolvimento do grupo familiar. Esses pontos são referências de aprendizagens importantes para as famílias compreenderem e atuarem nas questões que as afligem. Quando entendem que todos os grupos e famílias passam por questões como essas, estabelecem uma maior aceitação de sua situação, ficando mais disponíveis, condição essencial às mudanças e transformações.

ENFOQUES DE INTERVENÇÃO SOCIOEDUCACIONAIS DE NATUREZA CLÍNICA

Sabemos que as famílias se apresentam nos formatos mais variados, e que diferentes aspectos da subjetividade e da intersubjetividade de seus membros, assim como as questões externas que circundam sua realidade, modificam seu modo de ser e funcionar. Fishman (1981) fala que o funcionamento da família é também influenciado pelo contexto social disfuncional e que a ecologia social pode ser tanto problema como solução. Os enfoques que mencionaremos aqui invariavelmente estão presentes na clínica de famílias com adolescentes e são trabalhados numa perspectiva de aprendizagem, portanto, trata-se de uma perspectiva socioeducacional. A separação desses enfoques em diferentes categorias só se dá aqui nesta descrição por questões didáticas. Eles ocorrem concomitantes a uma movimentação dinâmica e cabe ao terapeuta apontá-los com base nas necessidades e narrações do sistema. O terapeuta percebe em que momento o grupo familiar está mobilizado para internalizar (apreender) determinados aspectos relevantes para seu funcionamento:

■ *O ausente-presente* – refere-se àquele membro da família que, por diferentes razões, não comparece às sessões. Esse recurso "ausente-presente" possibilita-nos a transformação da qualidade da presentificação do membro. À medida que a pessoa ausente é assumida por outro membro do sistema, torna-se o protagonista da ação ou da narração vivenciada por aquela família no momento. Traz à realidade a dor e o sofrimento do outro que não pode ser revelado pela sua ausência. Passamos, então, a ter a descrição da pessoa a respeito das situações, tantas quantas o número de pessoas da família que falam ou falaram por ele. Assim, os membros começam a compreender que entrar no papel do outro permite uma visão sistêmica das relações (Seixas, 1992) e um respeito ao que não pode ainda falar e se revelar. A família passa a ter outros marcos de referências, mudando sua visão habitual e articulando novas acomodações diante de sua realidade. Compreendem a importância da presença de todos; e que todos devem ter "voz e voto" ao que é vivido no sistema.

- *Corresponsabilidade* – a vivência conjunta das situações ou das conversações em família possibilita compreender e assimilar que cada um tem uma parte naquela história, que só tem esse enredo e desfecho em função daqueles personagens – protagonistas. Os membros da família aprendem a reconhecer qual é sua contribuição na história. O grupo tem a oportunidade de se ver como unidade (Andolfi, 1996) e, ao mesmo tempo, cada pessoa é separada da outra, com a clareza de outros sistemas que interagem com ela. "O processo de crescimento realmente começa com a coragem dos membros da família de se arriscarem ser mais íntimos uns com os outros." (Whitaker e Bumberry, 1990, p. 143)

- *Ciclo de vida* – compreensão de que a família funciona como um sistema sociocultural e em transformação; que passa por um desenvolvimento, atravessa ciclos de vida que necessitam de reestruturação e adaptação a cada nova etapa e circunstâncias. Transpor essas etapas impulsiona crises que são previsíveis, cuja vivência promove o crescimento psicossocial de seus membros. É importante a família compreender que o estresse familiar é geralmente maior nos pontos de transição de um estágio para outro no processo de desenvolvimento de todo o grupo, e que o processo de desenvolvimento individual acontece dentro do ciclo de vida coletiva. É compreender o significado do relacionamento entre as gerações e ter uma visão do ciclo de vida quanto ao relacionamento transgeracional (Carter e McGoldrick, 1995).

- *A questão transgeracional* – o indivíduo é considerado como entidade biológica e psicológica, cujas relaçoes, sem dúvida, estão determinadas tanto pelos seus aspectos psicológicos quanto pelas regras que regem a existência de toda a família

(Boszormenyi-Nagy e Spark,1983), de forma que as funções psíquicas de um membro condicionam as dos demais. Muitas regras que governam os sistemas de relações familiares dão-se de forma implícita sem que os membros sejam conscientes. O código tácito do sistema se apoia numa vinculação genética e histórica.

- *Genograma* – favorece uma descrição elaborada dos dados do grupo familiar, reunindo-os e interpretando o processo vivido pela família. É também uma maneira gráfica de organizar as informações da família e contribuir para seu maior entendimento e compreensão. O genograma ajuda os membros da família a ver-se a si próprios e a distinguirem seu lugar no sistema (McGoldrick e Gerson, 1996).
- *Os papéis de cada membro da família* – a explicitação dos papéis dos membros da família, a tomada do papel e o lugar de cada um no sistema é fator preponderante para a individuação e o crescimento de seus membros (Minuchin, 1982). A assunção dos papéis possibilita à família entender os principais subsistemas, suas tarefas e funções específicas e vitais. As fronteiras delineadas pelo papel assumido permite acessos reais e condizentes com as funções como, por exemplo, a autoridade dos pais de maneira diferenciada e organizadora.
- *Direitos e deveres de pais e filhos* – uma vez definidos papéis e função de cada membro no sistema familiar e suas fronteiras, é importante esclarecer e explicitar tarefas. Esse procedimento, além de ser uma organização saudável e necessária ao funcionamento do grupo familiar, permite o exercício da privacidade e a existência de espaços comuns. Cabe aos pais e filhos reunirem, negociarem e cooperarem entre si. Os direitos e deveres (tarefas) guardam um acordo com a idade e função.
- *Limites* – como falamos no começo deste texto, todos esses enfoques estão interligados e o alcance de um desses aspectos pela família gera o alcance de outros. Os limites são definidos e conquistados pelo sucesso dos dois itens anteriores. Os

papéis definidos, a estrutura familiar explicitada e os direitos e deveres em exercício colocam o adolescente, ou qualquer membro da família, em um processo de individuação e pertencimento capaz de se ver no seu lugar e assumir suas funções na família, considerada a matriz identitária de seus membros (Minuchin, 1982) ou a placenta social do desenvolvimento afetivo-social (Moreno, 1974).

■ *Autonomia* – à medida que a família se organiza e consegue ações conjuntas, confirma o pertencimento, abre espaço para a individuação de seus membros, trabalha para a promoção da autonomia – cada um respeita e aprende com a ação do outro. A família funciona como um sistema aberto que mantém um estado de equilíbrio interno e se modifica para adaptar-se às mudanças internas e externas. O que caracteriza a família é necessariamente a natureza das relações entre seus membros, isto é, a forma como interagem e como estão vinculados em seus diferentes papéis e subsistemas. Assim, um componente da família não pode mudar sem mobilizar mudanças nos demais componentes. Cada membro vai buscar sua autorreferência familiar e encontrar em si mesmo uma representação de sua totalidade, permitindo que os outros membros respeitem essa representação, conduzindo, assim, por intermédio da criação de novos grupos, a herança e a reprodução da identidade da família (Miermont, 1994).

■ *Competência das famílias* – Ausloos (1996) diz que as famílias são competentes em sua identidade para atravessar e resolver as suas crises. Isso significa ter a informação necessária para funcionar de maneira satisfatória. Informação no sentido dado por Batson (1972), que faz a diferença. Uma informação que venha do próprio sistema, que retorna a ele e que o impulsiona a ver as coisas, situações e relações como nunca havia visto antes, ampliando a consciência e o novo olhar do mundo. Nesse sentido, as famílias ou o "sistema torna-se o artesão de sua própria cura" (Elkaïm, 1990, p. 304).

ETAPAS DO DESENVOLVIMENTO DO GRUPO FAMILIAR

A seguir, passo a apresentar a metodologia sociopsicodramática que atende e sustenta o trabalho socioeducacional com as famílias na comunidade ou em diferentes espaços públicos. Na clínica com o grupo familiar, os princípios dessa metodologia requerem ajustes, mas são eles que dão sustentação ao trabalho.

A aplicação dessa metodologia possibilita, ao mesmo tempo, investigar e intervir. Coloca a "psique" dos participantes em ação e busca a verdade contextualizada na ação coletivamente vivida (Moreno, 1974). A ação expressa coloca-nos em condições de perceber a espontaneidade criativa do sujeito ao lidar com questões de sua vida. Ao mesmo tempo, capacita-o a avaliar seu amadurecimento com relação à vivência dos imprevistos. Contribui para conhecer os valores éticos, sociais e as competências relacionais e culturais do grupo familiar. Ainda nos permite conhecer o projeto existencial dos membros do grupo, o sentido que imprimem à vida como pessoa nos diferentes papéis e nível de comprometimento com a família. É uma metodologia que foca tanto a complexidade relacional dos grupos quanto a singularidade e a subjetividade das pessoas, sua configuração afetiva na estrutura grupal e suas redes sociais e de comunicação. Por ser uma metodologia de intervenção e pesquisa, orienta o trabalho com os grupos, passando pelo diagnóstico e pela construção coletiva do conhecimento até o tratamento.

Entendemos que todo o conhecimento se constrói e atualiza no processo relacional. Toda pessoa organiza seu *self*, expressa sua ação por meio dos diferentes papéis que desempenha, estrutura vínculos e libera sua criação espontânea na interação com seus pares. Desenvolve perspectivas de novos arranjos e conhecimentos com base na organização das motivações e de todos os critérios que reuniram naquela ação conjunta ou tarefa. Portanto, a organização e apreensão do conhecimento ficam potencializadas ou diminuídas na mesma correspondência que a organização das relações e o funcionamento da pessoa na estrutura sociométrica do grupo – dimensão da estrutura e integração grupal (Moreno, 1992).

Na medida em que o grupo familiar é considerado um sistema vivo, um organismo em funcionamento, ele só se organiza com base na presença e vivência *in situ* de todo sistema. A interação grupal revela sua estrutura subjacente, a qualidade da relação entre seus participantes, as correntes psicológicas, as redes de relação e como são vividos e desempenhados os papéis sociais. Concomitantemente, revela, também, a condição da aprendizagem e sua sustentabilidade ao possibilitar, a cada um, ver a si próprio, tendo como referência o outro. Assim, podemos afirmar que a organização grupal, que começa com a percepção de si e depois parte para funcionamentos mais complexos, caminha paralelamente à apreensão de novos conhecimentos, ampliando a compreensão da realidade na qual os sujeitos estão insertos.

Dessa forma, quando estamos na coordenação de um grupo com perspectivas socioeducativas, devemos conduzi-lo de modo que, segundo Moreno (1975), ele manifeste a "interpsique" de todos os membros em forma de representação (ação), exteriorizando suas telerrelações e seus estados coconscientes e coinconscientes (ver-se pelos olhos do outro). É na vivência da intersubjetividade que se dá a aprendizagem de novos conhecimentos. O grupo é a matriz da aprendizagem e todos são objetos e sujeitos na investigação de suas demandas e sentidos de vida na construção de suas responsabilidades funcionais e seus desdobramentos. Interação essa que cada participante do grupo faz consigo mesmo e com o outro, "ser e fenômeno" no sentido fenomenológico existencial dado por Buber (1974). Construir juntos, exige uma troca de experiência, respeito mútuo pelo saber do outro e uma aceitação das formas de expressão e cultura do outro.

Pensar a aprendizagem sociopsicodramática é perceber o momento do grupo, como ele se organiza e se modifica em cada etapa de seu desenvolvimento, o movimento dos campos de forças presentes, os protagonismos autênticos, o posicionamento político e estético dos atos psicodramáticos e as reais necessidades de intervenção. É importante que o coordenador tenha clareza se o conteúdo ou conhecimento que se quer lançar ou discutir tem sentido e correspondência com o momento relacional ou as etapas de desenvolvimento do grupo. Se a expectativa do coordenador não atender o momento do grupo e seus conhecimentos fundantes, surge um campo tenso de forças e um estado de mobilização que impede ou minimiza a capacidade de aprendizagem de novos conhecimentos. A condução do coordenador deve revitalizar, como nos coloca Moreno (1974), os estados de espontaneidade (sentimentos, sensações, percepções e pensamentos que mobilizam o outro na relação) dos participantes no sentido de, ao mesmo tempo que constrói novos conhecimentos, possibilita oportunidades e espaços para o grupo avançar no desenvolvimento de sua sociometria. Uma vez que as intervenções são sempre potencialmente terapêuticas, podemos considerar o conhecimento tal qual uma ponte ou uma ferramenta constante interposta entre o que vai acontecendo na imbricação individual e coletiva dos grupos (Marra, 2004).

Os papéis desempenhados pelas pessoas são modos de funcionamento reais e tangíveis (Moreno, 1974) que temos para expressar como somos e fazemos, como nos comportamos e nos relacionamos. Quando nos mostrarmos por meio de nossos papéis, somos responsáveis por nossas idéias, emoções, valores e pelas consequências deles no contexto, na mudança de atitude, na posição ética de respeito e na confirmação das diversas construções possíveis da realidade.

Com base nessas premissas, podemos pensar que o funcionamento de um grupo, sua dinâmica, seu desenvolvimento e sua realidade social têm uma correspondência direta com o que o grupo elege como aprendizagem mais importante. Nesse espaço-tempo do aqui e agora, o grupo escolhe aquilo que será sedimentado como norteador e organizador do seu funcionamento e da direção que tomará para sua sustentação no contexto. E, a partir daí, afirma e justifica sua pauta de funcionamento e sua idiossincrasia.

Enfim, queremos afirmar que a construção da grupalidade de um amontoado de pessoas, que desde o princípio chamamos de grupo, só se dá concomitante à construção do conhecimento, uma vez que este possibilita às pessoas novas aprendizagens e a aceitação de outras realidades e maneiras de culturas expressas nas vivências dos papéis. O conhecimento construído paralelo ao desenvolvimento do grupo empodera as pessoas e lhes torna disponíveis para novas aprendizagens.

ETAPAS DE DESENVOLVIMENTO DO GRUPO

O GRUPO SE ORGANIZA e se desenvolve na vivência de sua coexistência, isto é, de suas demandas, critérios de escolhas, objetivos, bem como na fermentação das motivações presentes e subjacentes que circundam as pessoas quando estas se reúnem para o exercício de uma tarefa comum. O papel, a função, a motivação e a ação do coordenador do grupo envolvidos no processo são tão importantes quanto o de qualquer outro integrante ali presente. É considerado um observador-participante (Moreno, 1992) e está implicado (Barbier, 2002) tanto pessoalmente como coletivamente no processo.

O nascimento de qualquer grupo é considerado como o de uma pessoa e, portanto, necessita no primeiro momento de todos os cuidados dispensados a um recém-nascido (Moreno, 1974). O grupo é a placenta social de seu próprio desenvolvimento. Ele contém todos os nutrientes necessários para seu crescimento, como também dispõe de substâncias que, às vezes, são consideradas nocivas para desenvolver-se. Nesse espaço germinativo, movimentam, organizam e se diferenciam as partes que compõem o todo, o qual dá consistência e insumos para essas mudanças. Os campos de interação das pessoas, as correntes psicológicas, os padrões transgeracionais aprendidos, as forças contrapostas e as motivações internas de atração, repulsa e neutralidade, tele (fluxo de sentimentos recíprocos) são responsáveis pela movimentação e organização das pessoas nas posições sociométricas (matriz sociométrica – Moreno, 1992). A princípio, estabelecem-se como indivíduos ou partes isoladas; depois, seguem uma trilha – pares, trios, cadeias, subgrupos – até se diferenciarem, constituindo redes afetivas que confirmam suas escolhas e tomada de posição, ganhando *status* em suas constelações relacionais. Aí, então, temos um grupo.

Para desenvolver, os grupos passam por várias etapas que necessitam ser respeitadas e vividas para atingir seu potencial criativo e transformador. Considerando as etapas do desenvolvimento fundamentadas na sociometria ou nas estruturas grupais (Moreno, 1992), o grupo passa por três momentos:

1 Isolamento – São as primeiras manifestações da interação grupal. As pessoas mostram-se isoladas, completamente absorvidas de si mesmo. Suas percepções, sensações e imaginação são as rotas para a compreensão do que acontece no aqui e agora da interação. Os componentes do grupo estão mergulhados na realidade externa, no que é visível e tangível, portanto, estão mergulhados em suas identidades formais e estruturas estabelecidas. Nessa etapa, o coordenador procura acolher, dar sustentabilidade e consistência ao espaço para inclusão e pertencimento dos participantes. É o momento do aquecimento, da integração do todo, embora as partes sejam maiores e sobressaiam ao todo. As pessoas trabalham individualmente e se mostram aos poucos. O real, o ideal e o imaginário se misturam, não sendo claro o papel e o lugar de cada um na relação. São com esses recursos que o grupo faz suas primeiras tentativas de interagir; e, consequentemente, a complementaridade se estabelece assim nessa etapa. Santos (2001), quando fala desse momento, refere-se a uma tensão controlada existente entre a experiência e as expectativas que

forçosamente quer manter o *status quo*. Assim, o espaço interno e a disponibilidade para os aspectos fundantes do conhecimento de um tema, conceito ou ideia ficam restrito. O olhar para si mesmo impossibilita outros aprendizados que não se refiram às sensações, percepções e sentimentos desta estrutura em que se situa. A ação grupal promovida nessa etapa pelo coordenador tenta minimizar a ansiedade, a angústia, dissipando as reservas e ampliando a visão das possíveis afinidades, oposições e diferenciação;

2 Diferenciação horizontal – No pensamento psicodramático, a ação é uma fase necessária para o avanço da compreensão sociodinâmica, contextual e processual do grupo. Propicia aos participantes e ao coordenador a oportunidade de conhecer, reconhecer e avaliar seus comportamentos e suas interações por si mesmo. A ação do grupo, nesta etapa, dá-se em duplas, numa tentativa de que cada participante, ao conhecer o outro, possa distinguir-se dele e se reconhecer. Ao se relacionar entre si (duplas), compartilham o que sentem, veem e percebem, e procuram na ação uma movimentação de sua percepção, descobrindo núcleos comuns ou diferentes nos papéis desempenhados. Esses agrupamentos, a princípio em duplas, trios e cadeias, são definidos por relações simétricas. Essa etapa consiste em reafirmar um espaço seguro, respeitoso e de abertura para a construção e exploração de novas formas e leituras da estrutura externa, uma vez que a matriz relacional também está em processo de mudança. Essas novas leituras abrem espaços para as vivências explícitas de mutualidades e incongruências. Agora, no grupo, as pessoas fazem escolhas, explicitam suas reservas, reconhecem-se e, portanto, diferenciam-se. São capazes de mútuas construções do real e de olhar além de suas sensações. Podem reativar um processo de reorganização tanto de seus conceitos/argumentos e visão da realidade quanto de seu funcionamento no grupo familiar. Nessa etapa, a função do diretor ou coordenador é eliminada e a função de ego auxiliar é recriada.

3   Diferenciação vertical – Como os grupos passam por processos de organização dos mais simples para os mais complexos, essa etapa reflete um estágio mais estável do grupo em sua sociodinâmica. A vivência da interação grupal e a maior consciência sociométrica expandem as relações socioafetivas, constituindo em diferentes redes de relação. O grupo tem mais compromisso com suas tarefas e mais disponibilidade para o coletivo. O tema trabalhado pelo grupo, o projeto em comum e os papéis desempenhados assumem uma significância de produção e atinge seu potencial. Os participantes ganham níveis de autonomia reconhecida, a autoridade é vivida com alternância, as lideranças se explicitam e a diversidade, a plasticidade e o conhecimento ganham lugar. O próprio sistema gera sua mudança nas competências relacional, intelectual e cultural, passando a tomar forma e direções imprevisíveis (Elkaïm, 1990). O grupo autogerencia-se e encontra outros e novos mecanismos de mudança num ciclo indeterminado de vida.

CONSIDERAÇÕES FINAIS

NA PERSPECTIVA DA COMPLEXIDADE, toda crise traz movimento e espaço de mudança. Para Demo (1999), a educação é sempre um ato político, comprometido. A condição para assumir um ato comprometido está em ser capaz de agir e refletir sobre sua realidade. Por essas questões, a educação tem caráter permanente e reconstrutivo.

Neuburger (1999) realça a questão do mito do pertencimento e observa que as crises dos grupos são míticas, isto é, são provocadas por ameaças ou ataques ao mito do pertencimento que sustenta a identidade do grupo, como suas crenças compartilhadas concernentes às características de cada grupo, à distribuição dos papéis, das funções e aos círculos de decisões.

Contudo, para que toda pessoa amadureça em um grupo, seja ele de que natureza for, precisa procurar sua autonomia, o que implica uma ação corajosa de distinguir-se e individuar-se no sistema. Pertencer a um grupo é sentir-se confirmado em sua identidade e competente em seu papel para, por meio dele, sentir, perceber, pensar e resolver suas crises evolutivas. O cidadão de hoje evoca ao sistema educativo que o capacite a ter acesso à multiplicidade de realidades escritas, linguagens, discursos e ações nos quais se produzem as decisões que o afetam, seja no campo de trabalho, como no âmbito familiar, político e econômico.

As intervenções socioeducativas possibilitam que mais famílias passem por atendimentos. Instrumentalizá-las para a mobilização e a reflexão crítica de sua realidade tornou-se pauta da educação comunitária. Construir relações mais explícitas, justas, flexíveis e acolhedoras são funções de todos aqueles que se consideram educadores e ou terapeutas. Suas ações interferem e potencializam os indivíduos, os processos, os acontecimentos e as estruturas, criando sentidos e caminhos, integrando o conhecimento do que está dentro e fora, cumprindo a dupla função socioeducativa e clínica. Quanto mais as famílias se disponibilizam para a vivência conjunta de atos e fatos que as constituem e problematizam suas realidades, mais se tornam grupos coesos e fortalecidos consolidando sua liberdade e sua participação cidadã.

REFERÊNCIAS BIBLIOGRÁFICAS

ANDOLFI, M. A. *A terapia familiar: um enfoque interacional.* Campinas: Psy, 1996.
AUSLOOS, G. A. *A competência das famílias: tempo, caos, processo.* Lisboa: Climepsi, 1996.
BARBIER, R. *A pesquisa-ação.* Brasília: Plano, 2002.
BATSON, G. *Steps to an echology of mind.* Nova York: Ballantine, 1972.
BOSZORMENYI-NAGY I.; SPARK, G. M. *Lealtades invisibles.* Buenos Aires: Amorrortu, 1983.
BUBER, M. *Eu e tu.* Trad. N. A. Vonzuben. São Paulo: Moraes, 1974.

CARTER, B.; McGOLDRICK, M. *As mudanças do ciclo de vida familiar: uma estrutura para a terapia familiar.* Porto Alegre: Artmed, 1995.

DELORS, J. *Educação para o século XXI: questões e perspectivas.* Porto Alegre: Artmed, 1991.

_____. (org.). *Educação para o século XXI: questões e perspectivas.* Porto Alegre: Artmed, 2005.

DEMO, P. *Educação e desenvolvimento: Mito e realidade de uma relação possível e fantasiosa.* Campinas, SP: Papirus, 1999.

ELKAÏM, M. *Se me amas, não me ame. Abordagem sistêmica em psicoterapia familiar e conjugal.* Trad. N. S. Júnior. Campinas: Papirus, 1990.

FISHMAN, C. H. *Tratamiento de adolescentes con problemas.* Buenos Aires: Paidós, 1981.

FREIRE, P. *Educação e mudança.* Rio de Janeiro: Paz e Terra, 1993.

MANTOAN, M. T. E. "Ensinando a turma toda". *Revista Pátio,* Porto Alegre, Artmed, v. 5, n. 20, 2002.

MARRA, M. M. *O agente social que transforma: o sociodrama na organização de grupos.* São Paulo: Ágora, 2004.

McGOLDRICK, M.; GERSON, R. *Genograma en la evaluación familiar.* Barcelona: Gedisa, 1996.

MELLO, M. F.; BARROS, V. M.; SOMMERMAN, A. *Transdisciplinaridade e conhecimento.* São Paulo: Trion, 2002.

MIERMONT, J. et al. *Dicionário de terapias familiares: teoria e prática.* Porto Alegre: Artes Médicas,1994

MINUCHIN, S. *Famílias, funcionamento e tratamento.* Porto Alegre: Artmed, 1982.

MORENO, J. L. *Psicodrama.* São Paulo: Cultrix, 1974.

_____. "El psicodrama: terapia de acción y principios de su práctica". Buenos Aires: Lumen-Hormé, 1975.

_____. *Quem sobreviverá? Fundamentos da sociometria, psicoterapia de grupo e sociodrama.* Goiânia: Dimensão, 1992.

NEUBURGER, R. *O mito familiar.* São Paulo: Summus, 1999.

NICOLESCU, B. et al. *Educação e transdisciplinaridade.* Trad. J. Vero, M. F. Melo e A. Somnernian. Brasília: Unesco, 2002.

SANTOS, B. S. *A crítica da razão indolente: contra o desperdício da experiência.* São Paulo: Cortez, 2001.

SEIXAS, M. R. *Sociodrama familiar sistêmico.* São Paulo: Aleph, 1992.

WHITAKER, C. A.; BUMBERRY, W. M. *Dançando com a família. Uma abordagem simbólica existencial.* Porto Alegre: Artmed, 1990.

12. Dinâmica familiar e envolvimento em atos infracionais e com drogas na adolescência[1]

MARIA APARECIDA PENSO
MARIA FÁTIMA OLIVIER SUDBRACK

A DISCUSSÃO SOBRE a contribuição da família na construção da identidade dos filhos leva-nos à reflexão sobre os sintomas que podem aparecer, caso enfrentem dificuldades no processo. Segundo Baumkarten (2001), sendo a adolescência um período de grandes transformações, será acompanhada de momentos de mal-estar (depressão, sentimentos de perda, abandono e angústia). Se o jovem e sua família não conseguem enfrentar essa realidade, surgem diversos sintomas: suicídio, delinquência, anorexia, bulimia, uso de drogas, entre outros.

Neste capítulo, apresentamos uma breve revisão teórica sobre a presença de dois desses sintomas: o uso de drogas e o envolvimento em atos infracionais. Em muitas das situações, tais sintomas estão associados. Colle afirma, com base em sua experiência clínica, que esse fato deve-se não apenas ao caráter proibitivo das drogas, mas porque essas pessoas, quando iniciam o uso, já estão familiarizadas com os sistemas em que vivem, tendo como base comportamentos desviantes: "Têm capacidades para evoluir, sendo a regra normal a transgressão. Quando se tornam toxicômanos, o que fazem é transferir e aperfeiçoar as aprendizagens anteriores ao contato pessoal com as drogas" (Cole, 2001, p. 152-3).

---

[1]. Este capítulo foi escrito com base na tese de doutorado de Maria Aparecida Penso, orientada por Maria Fátima Olivier Sudbrack e intitulada *Dinâmicas familiares de famílias de adolescentes envolvidos em atos infracionais e com drogas*. A tese foi defendida em 2003 na Universidade de Brasília.

Esse autor apresenta cinco cruzamentos entre delinquência e adição que pudemos observar nos casos deste texto: 1) a delinquência precede a adição; 2) a adição inscreve-se na continuidade da delinquência; 3) a adição precede a delinquência; 4) a delinquência inscreve-se na continuidade da adição; 5) adição e delinquência coincidem no tempo.

Sudbrack (1996), refletindo sobre adolescência e dependência química no contexto de exclusão social, afirma que o consumo de cocaína e maconha coloca os jovens em contato direto com o mundo do tráfico, já que eles inevitavelmente envolvem-se em serviços de entrega em troca da própria droga de consumo ou são atraídos pelas possibilidades de "ganhos fáceis". Tal situação favorece, portanto, a inserção desse jovem no campo da delinquência.

Uma análise semelhante é feita por Zaluar (1994, p. 111), quando se refere às histórias de vida de dois adolescentes no mundo do crime: "Ambos, como nos contam as suas histórias, foram arrastados para a criminalidade violenta pela conjunção entre a confusão moral e o sistema de ilegalidade consentida em que o comércio de algumas drogas floresce".

Além de ser uma possibilidade de ganhar dinheiro, a rede do tráfico também funciona como um suporte identitário. Carreteiro (no prelo), estudando as complexas relações presentes no tráfico de drogas na cidade do Rio de Janeiro, mostra que participar dessa atividade ilícita representa uma forma de pertencimento social.

Graças à possibilidade de inserção no tráfico, a droga leva dinheiro a um universo em que os sujeitos se sentem deserdados e sem direito ao consumo (Sudbrack, 1999). Por causa desses recursos financeiros, o sujeito pode sentir que existe como consumidor e, portanto, está incluído numa ordem social, já que, no capitalismo, o modelo dominante de exclusão/inclusão é o econômico, que exclui aqueles que não podem consumir ou não podem produzir (Xiberrás, 1994).

Minayo e Deslandes (1998), discutindo as complexas relações entre drogas, álcool e violência, afirmam que, muitas vezes, as substâncias são utilizadas como desculpas para a violência, podendo ser usadas antes ou depois de esta ser praticada. Ressaltam ainda que, frequentemente, as drogas ilícitas e o álcool também são usados como desculpas para diminuir a responsabilidade pessoal ou para proporcionar um estado emocional que facilite o envolvimento em atos infracionais.

Com base em nossa experiência com essas duas problemáticas, principalmente em contextos de pobreza e exclusão social, observamos que, no caminho do ato infracional, o adolescente encontra a droga. Ou seria o contrário: no caminho de busca da droga, ele encontra o ato infracional? Mas não faz diferença saber o que vem primeiro, mesmo porque não temos a pretensão de estabelecer relações causais entre esses dois eventos. O que nos parece importante é uma discussão inicial sobre a maneira como compreendemos esses dois sintomas na adolescência. Separamos de forma intencional e didática *uso de drogas na adolescência* e *envolvimento em atos infracionais e adolescência*. Tal divisão tem o objetivo de proporcionar ao leitor uma compreensão desses dois sintomas nessa fase da vida, com base em uma leitura sistêmica. No entanto, a nossa prática clínica mostra-nos que tais sintomas, muitas vezes, estão associados não apenas pela proibição do uso de drogas, mas principalmente pela capacidade desses sujeitos de viverem com a transgressão como regra normal (Colle, 2001).

Procuramos construir as considerações sobre esses sintomas de acordo com a seguinte ordem: uma concepção sistêmica desse sintoma na adolescência, as principais características observadas nessas famílias e, por último, um olhar transgeracional desse sintoma.

ADOLESCÊNCIA E USO DE DROGAS

NUMA ABORDAGEM SISTÊMICA, o sintoma de um dos membros da família é compreendido como um fenômeno relacional, que tem uma função no e para o sistema (Miermont *et al.*, 1994). Nessa perspectiva, os problemas vinculados ao uso de drogas situam-se na relação do indivíduo com o meio, numa interação dinâmica entre variáveis individuais, contextuais e a substância química.

O uso de drogas passa, então, a ser analisado como um sintoma de toda a família, sendo encarado como uma maneira de ela lidar com os conflitos, mais do que um problema em si mesmo. A função desse sintoma é conduzir uma mensagem que denuncia falhas do sistema familiar e social, ao mesmo tempo que indica a necessidade de mudança em seu funcionamento (Bulaccio, 1992; Rosset, 2003; Roussaux, 1982; Sudbrack, 1992a). Assim, o usuário de drogas deixa de ser avaliado como vítima, incompetente e irresponsável, para ser considerado útil, adaptativo e necessário para a dinâmica familiar (Ausloos, 1982a).

É importante esclarecer que, quando falamos em uso de drogas, estamos nos referindo também às drogas lícitas, como o álcool e os medicamentos. Diversos autores identificaram, em seus trabalhos, que bebidas alcoólicas e drogas ilícitas quase sempre andam juntas, sendo que as famílias dos usuários de ambas apresentam diversas semelhanças; além disso, muitos pais alcoólatras têm filhos que seguem o mesmo caminho ou são usuários de drogas ilícitas (Ausloos, 1982b; Kaufman, 1985; Marcelli e Braconnier, 1989; Stanton e Todd, 1982).

A chegada da adolescência é um dos momentos propícios para que o uso de drogas surja como um dos sintomas que denuncia as dificuldades familiares em atravessar essa etapa do ciclo de vida familiar, pois esse momento implica crescimento e individuação, movimentos essenciais na busca do jovem pela sua autonomia e independência do grupo familiar (Stanton e Todd, 1988; Sudbrack, 2003).

A fantasia vivida pela família, principalmente pelos pais, de que estão perdendo o seu filho, quando este demonstra movimentos de saída do sistema familiar, gera um estado nomeado por Stanton e Todd (1988) como "pânico parental". Não se trata apenas de uma reação comum de medo pelo desconhecimento do processo da adolescência ou de tristeza pela falta do filho permanentemente em casa. Mais do que isso, é um sentimento de pavor que não pode sequer ser nomeado, que paira todo o tempo sobre o sistema familiar, ameaçando-o de destruição. Isso ocorre porque a possibilidade de crescimento e independência do filho é vista como uma ameaça à continuidade familiar. Assim, esse "pânico" confirma a impossibilidade da separação, vista como ruptura e abandono (Goubier-Boula e Real, 1982), pois, nessas famílias, não há a percepção de que os vínculos são permanentes, mas não são estáticos e de que as pessoas coevoluem em relação, num processo dialético entre autonomia e dependência (Colle, 2001).

Sobre a relação entre os movimentos de autonomia e dependência, disserta Colle (2001, p. 109-10):

> Ser autônomo é adquirir graus de liberdade num meio em que cada um de nós se encontra numa posição de dependência. É isto que torna os seres humanos interdependentes [...] a dependência é obrigatória e vital para a nossa espécie. De um ponto de vista individual, a morte é a única forma de independência absoluta. Mas, à medida que crescemos, a independência relativiza-se: não passa da expressão da coevolução das pessoas em seus vínculos de dependência.

O uso de drogas oferece a essas famílias uma solução paradoxal ao dilema criado sobre manter ou dissolver a família (Stanton e Todd, 1988). Esse filho, cuja tarefa é manter a estabilidade da família, encobrindo a realidade inaceitável da passagem do tempo, ao drogar-se, oferece a si mesmo em sacrifício pela manutenção do equilíbrio do sistema familiar (Castilho, 1994; Colle, 2001; Kalina, 1988).

Segundo Kalina e colegas (1999, p. 47), "o filho que esteja destinado a não ser, ou seja, a não ter uma identidade própria, em seu afã por ser, escolhe uma forma de não ser, como é a identidade do drogadito".

O sintoma serve, então, como um fator de pseudounião para seus pais, que não precisam lidar com a realidade do crescimento dos filhos (Samaniego e Schürmann, 1999). Essa solução, a despeito do sofrimento que traz para o adolescente e sua família, é bem-vinda, pois a independência do filho é uma ameaça mais destrutiva do que a dependência química (Mowatt, 1988).

Necessitando crescer e tornar-se adulto independente, mas impedido de caminhar nesse movimento pela ameaça de destruição familiar, o adolescente apela às drogas e torna-se pseudoindependente:

> A drogadição serve de vários modos para resolver o dilema do adito de ser ou não ser um adulto independente. É uma solução paradoxal que fornece uma forma de pseudoindividuação. Ao usar drogas, o adito não está de todo dentro, nem de todo fora da família. É competente dentro de um marco de incompetência. (Stanton e Todd, 1988, p. 34)

O uso de drogas, assim, é um mecanismo substitutivo numa tentativa de equilíbrio que não está sendo possível de ser realizado no sistema familiar, a respeito da autonomia do adolescente, resultando numa pseudoindividuação (Ausloos, 1982b; Goubier--Boula e Real, 1982; Stanton e Todd, 1988). Em outras palavras, é uma tentativa malsucedida de um membro da família de negociar sua emancipação do sistema familiar, que resulta em ciclos repetitivos de partidas e retornos à casa dos pais (Silvestre, 1991).

De forma semelhante, Sudbrack (2003) afirma que o seu trabalho com os adolescentes e suas famílias tem revelado que o uso de drogas constitui uma tentativa de separação frustrada, vivida sob a forma de rupturas violentas que resultam em reconciliações fusionais. Desse modo, ao contrário de favorecer um movimento de autonomia, o uso de drogas reforça as dependências relacionais, levando-nos a concluir que o sujeito é um dependente da sua família (Castilho, 1994). Os sistemas familiares dos dependentes químicos nos mostram que a codependência afetiva é um laço indestrutível e estável. As mudanças do ciclo de vida familiar, que deveriam perturbar esses vínculos, parecem ter como único efeito as oscilações, mas mantêm inalterável a homeostase do sistema (Colle, 2001).

Colle (2001) amplia o conceito de dependência, afirmando que existe dependência de substâncias, de pessoas e de contexto, e que elas podem ter efeitos tanto positivos como negativos. Segundo esse autor, trata-se de um mecanismo indispensável para a sobrevivência da espécie humana: dependemos das pessoas, do ar, da luz e da água, desde o nosso nascimento, sendo um dos paradoxos da condição humana. Essa dependência, no entanto, torna-se patológica quando ocorrem repetidos erros de aprendizagem e lacunas no processo de controle. Mas, mesmo nesses casos, são respostas adequadas a contextos inadequados.

Kalina (1988) também afirma que a dependência pode estar presente em qualquer tipo de relação interpessoal do indivíduo, não podendo, então, ser restrita ao uso de substâncias químicas. Esse autor vai defender que essas condutas implicam vínculos simbióticos, nos quais o outro não é reconhecido como sujeito. Nesse sentido, a dependência de substâncias é apenas mais uma das maneiras possíveis de manifestação desse fenômeno.

Uma questão que surge diz respeito às características da dinâmica presente nas famílias que levariam ao uso de drogas, como modo de vivência do movimento de separação do adolescente com relação ao grupo. Não queremos, com esse questionamento, buscar um perfil de famílias cujos filhos adolescentes usam drogas, mas identificar alguns padrões interacionais presentes nas suas dinâmicas relacionais. Como colocam Kalina e colegas (1999, p. 43): "A experiência cotidiana mostra-nos que surgem aditos em determinados grupos familiares, e não em outros, o que não significa nenhuma acusação nem valorização de natureza ético-moral".

A situação mais comum é aquela em que o adolescente está triangulado no conflito parental, superenvolvido com a mãe, numa relação descrita como quase incestuosa, configurada pela ausência de barreiras geracionais e confusão de papéis (Kaufman, 1985; Miermont *et al.*, 1994; Prata, Felice e Bruno, 1996). São também famílias nas quais se observa a presença de segredos e mentiras como um mecanismo de proteção, acobertamento e negação do comportamento do dependente (Krestan e Bepko, 1994; Sudbrack, 2003).

Stanton e Todd (1988) apresentam, como resultado de seus estudos, várias características presentes nas famílias dos dependentes químicos masculinos estudados por eles, brevemente resumidas da seguinte maneira:

- uma mãe indulgente, apegada, superprotetora e abertamente permissiva com o dependente, seu filho preferido;
- a descrição materna do filho dependente como o "mais fácil de criar", por ser uma criança muito boa;
- descrição do pai como distante, desapegado, débil, ausente e, na maioria dos casos, alcoolista;
- as relações pai-filho são descritas pelo dependente como muito negativas, com uma disciplina rude e incoerente;
- presença de dependência química multigeracional (em particular o álcool, nos homens) e uma tendência de condutas de dependência;
- prevalência do tema da morte e casos de morte prematura.

Essas características não são muito diferentes daquelas encontradas por Penso e colegas (2004) em um estudo qualitativo das trajetórias individuais e familiares de dependentes químicos masculinos que frequentavam um programa de hospital-dia da rede pública de saúde do Distrito Federal:

- pai descrito como ausente ou frágil, quase sempre alcoólatra, com pouca ou nenhuma participação na vida familiar;
- descrição de intensos conflitos conjugais, que parecem tomar grande parte da energia e do tempo das mães;

- dificuldades de vivência da relação triádica pai-mãe-filho, denunciando um padrão relacional que apenas se equilibra em díade e sempre exclui um terceiro, no caso o pai;
- histórias de abandono e negligência dos filhos, observadas principalmente na permissividade excessiva e na ausência de limites.

Além de descrições sobre a dinâmica atual das famílias, alguns estudos apontam para a importância da compreensão dos aspectos ligados à questão transgeracional, na questão do uso de drogas. Cirillo e colegas (1997) propõem um modelo de compreensão da dinâmica familiar, com base na reconstrução das histórias das famílias de origem das figuras parentais.

Na experiência desses autores, a história do pai, na maioria das vezes, é carregada de sofrimento, na medida em que ele foi privado da contribuição do seu próprio pai durante sua infância ou adolescência, tendo uma passagem precoce para a vida adulta. Tal fato apresenta-se como um grave obstáculo ao desempenho do seu papel paterno. A história da mãe, por sua vez, mostra que ela é prisioneira de uma relação frágil e perturbada com sua mãe, de quem permanece dependente, tanto do ponto de vista concreto, como emocional, o que a impede de exercer seu papel materno.

Castilho (1994, p. 126-7) descreve também, de forma muito interessante, a dinâmica transgeracional presente nessas famílias:

> Observo, nessas famílias, pais muito imaturos, dependentes da estrutura de poder de suas famílias de origem, muitas vezes desqualificados ou excessivamente protegidos por suas famílias. Os pais passam a exercer o poder de forma autoritária, embora muitas vezes de modo não explícito, ou delegam o poder a outrem, mantendo suas posições de filhos. As mães mantêm com o marido, ou com o pai de seus filhos, a figura de poder que precisam para se sentirem protegidas ou manterem seus estados melancólicos, que, enfim, as mantêm casadas com suas famílias de origem.

Compartilhamos as ideias desses autores. Consideramos muito importante entender as relações que se estabelecem na tríade pai-mãe-filho não apenas no presente, mas na história familiar dentro de uma perspectiva transgeracional, na qual o desempenho atual dos papéis maternos e paternos remete os pais a uma atualização de seu desempenho nos papéis de filhos, ou seja, às relações com seus pais. Assim, neste texto, procuramos compreender as relações familiares configuradas no desempenho dos papéis paternos, maternos, conjugais e filiais ao longo do ciclo de vida familiar, mas também na perspectiva da família de origem desses pais.

ADOLESCÊNCIA E ENVOLVIMENTO EM ATOS INFRACIONAIS

DA MESMA MANEIRA que apresentamos, brevemente, uma compreensão sistêmica do uso de drogas na adolescência, procuramos discutir, com base nesse mesmo referencial, o envolvimento em atos infracionais por adolescentes.

Utilizamos a denominação "envolvimento em atos infracionais", nomeando os adolescentes como infratores, em lugar de delinquentes, apesar de os autores mencionados aqui se referirem ora a um, ora ao outro termo. Recorremos a Foucault (2000) para diferenciar essas duas nomeações. Para o autor, o infrator é definido como aquele que infringiu as normas jurídicas estabelecidas, enquanto o delinquente é fabricado e submetido ao sistema judiciário que o nomeia, estigmatiza-o e controla-o:

> O delinquente se distingue do infrator pelo fato de não somente ser o autor do seu ato (autor responsável em função de certos critérios da vontade livre e consciente), mas também de estar amarrado a seu delito por um feixe de fios complexos (instintos, pulsões, tendências, temperamento). (Foucault, 2000, p. 211)

É importante destacar aqui a questão da transgressão como um elemento motor importante dos processos de desenvolvimento dos grupos humanos. Trata-se de ultrapassar, deixar de cumprir ou desobedecer às regras ou às leis de um sistema, seja familiar ou social. Nesse sentido, a transgressão pode ser compreendida como uma tentativa de abolição de uma regra que se tornou inadequada ou insuportável, mas que não pode ser questionada pela linguagem (Segond, 1992).

As transgressões na adolescência são reações inter e intrapessoais de regulação comportamental, ou seja, ultrapassando os limites colocados pelas regras e profanando os valores de uma comunidade, os jovens tentam transpor as barreiras colocadas no acesso ao conhecimento e ao prazer, negando os efeitos dos interditos (Selosse, 1997). A questão é procurar compreender como esses comportamentos transgressores e de experimentação de limites tornam-se infrações e os conduzem à marginalidade familiar e social.

Nas últimas décadas, as pesquisas sobre as famílias de adolescentes infratores tentaram elaborar modelos complexos de descrição da realidade observada, com base em uma leitura de causalidade circular, dentro de uma perspectiva de articulações sistêmicas e interdisciplinares, que tenta compreender as relações entre família e transgressão numa relação dialética e dinâmica (Segond, 1992). Tal compreensão pressupõe que a família, sendo o primeiro lugar de socialização da criança, precisa ser estudada, pois nos permite identificar as condições de emergência da marginalidade (Castaignede, 1985). A delinquência passa a ser analisada, então, numa percepção circular de causas familiares, institucionais e sociais, partindo-se do princípio de que não se pode compreender verdadeiramente o comportamento de um sujeito sem considerar a dimensão relacional na qual ele está implicado (Sudbrack, 1992b).

Numa concepção sistêmica, portanto, envolvimento em atos infracionais, assim como o uso de drogas, é um sintoma. E, como todo sintoma, funciona como regulador do sistema, tentando superar a crise, sem que nenhuma mudança real ocorra (Ausloos, 1977; Fishman, 1996; Samaniego; Schürmann, 1999). Mas o sintoma, ao mesmo tempo que regula o sistema, também denuncia suas dificuldades em enfrentar crises específicas. O ato delinquente é, portanto, uma tentativa inadequada de assinalar de forma dramática que os problemas enfrentados pela família, nesse momento do ciclo de vida familiar, não podem mais ser resolvidos pelas regras familiares habituais e que essas devem ser reajustadas (Chirol e Segond, 1983).

Nessas famílias regidas pela "lei do silêncio", em que os conflitos com relação às regras intrínsecas do seu funcionamento não podem ser explicitados pela via da linguagem, uma saída possível é o ato infracional. Como colocam Marcelli e Braconnier (1989), trata-se do aumento do agir e das atuações nos sujeitos que dificilmente utilizam a linguagem. Esse ato infracional tem, portanto, a função de comunicar as dificuldades vividas no interior da família, em um movimento de "agir fora o que não se pode falar dentro" (Sudbrack, 1992b, p. 33).

De modo semelhante ao caso do usuário de drogas, aqui, também, não temos nenhuma pretensão de construir um perfil das famílias com um membro delinquente. Apenas buscamos na literatura descrições de características dessas famílias que pudessem nos ajudar a compreendê-las melhor. Para Segond (1992), o aparecimento da delinquência na adolescência está relacionado às dificuldades específicas de comunicação e às características relacionais dentro da família, mais do que a aspectos individuais de personalidade ou a fatores estruturais, como divórcio, situações de famílias não casadas ou número de filhos. Segundo o autor, a comunicação pelo duplo vínculo clivado ou cindido tem sido observada com frequência nas famílias por ele tratadas.

O conceito de duplo vínculo foi inicialmente proposto por Bateson e colegas (1956), numa tentativa de compreensão da comunicação nas famílias esquizofrênicas, sendo, nesses casos, observado mais frequentemente na díade mãe-filho. Em 1960, Ferreira (1984) propõe o conceito de duplo vínculo cindido ou clivado para descrever a comunicação em famílias com transações delitogênicas. Segundo Miermont e colegas (1994, p. 205), "esse conceito foi desenvolvido por Ferreira para designar mensagens antinômicas pertencentes a tipos lógicos distintos e contraditórios que, geralmente, emanam de duas figuras parentais de igual importância para o filho".

Nessa situação, o adolescente encontra-se necessariamente na obrigação de obedecer a uma e desobedecer a outra injunção, sendo impossível escapar desse dilema, a não ser pela transgressão (Segond, 1992). Colle (2001) apresenta didaticamente o modelo do duplo vínculo cindido, no qual as mensagens contraditórias são trocadas entre três atores, e não numa díade, como no modelo proposto para a esquizofrenia:

- dois emissores (os pais) em relação simétrica ligados a uma terceira pessoa (o filho);
- a terceira pessoa (o filho) está em relação complementar inferior e ocupa o papel de vítima;
- as mensagens dos dois emissores (os pais) são ligadas temporalmente e com conteúdos relativos ao comportamento da terceira pessoa (o filho), mas pertencem a tipos lógicos distintos, ou seja, situam-se em níveis de abstração diferentes, que se desqualificam entre si;
- a vítima dá o mesmo valor afetivo aos dois emissores, ou seja, cada um é igualmente vital para o filho. As duas mensagens têm impactos emocionais idênticos em intensidade. A vítima rebela-se contra a autoridade de um dos emissores para obedecer ao outro, e arranja uma resposta conciliatória entre as duas mensagens contraditórias, evitando o conflito de lealdade.

Algumas características relacionais das famílias com transações delitogênicas são citadas por De Vos (1983) em um estudo com famílias japonesas e americanas:

- desacordos ativos e crônicos entre os pais;
- presença de forte insatisfação conjugal;
- forte negligência e rejeição por parte dos pais.

Cirillo, Rangone e Selvini (1998) também apontam algumas características presentes nas famílias com delinquentes estudadas por eles:

- o vínculo existente entre o pai e o adolescente é negativo, fazendo que o jovem sinta-se ativamente rejeitado e afastado do pai;
- presença de uma ditadura "aberta" física e psicológica do marido sobre a esposa, que manifesta sua insatisfação e seu menosprezo com relação a ele, mas é incapaz de separar-se;
- mães deprimidas que frequentemente recorrem a neurolépticos ou já tentaram suicídio;
- algumas mães são abertamente rejeitadoras, confiando seus filhos aos avós. Outras têm um investimento narcísico sobre o filho, o que conduz a uma inversão de papéis, dentro de uma parentificação compensatória, de suas frustrações em sua própria família de origem;
- presença de um vínculo ambivalente entre mãe e filho, no qual este vê a mãe como vítima de um homem violento e irresponsável.

Fishman (1996) também descreve algumas características dessas famílias que não diferem muito daquelas apresentadas anteriormente e que podem ser resumidas da seguinte maneira: a autoridade parental encontra-se debilitada em função de um desacordo crônico entre os pais sobre a educação dos filhos, sendo que um deles está excessivamente envolvido com o filho delinquente.

A respeito da educação dos filhos, Leborgne (1997) descreve os pais como companheiros ou como cúmplices da delinquência dos filhos. Nesses casos, os adolescentes são "adultificados" e conduzidos progressivamente a fazer valer sua "lei", dentro da família, e depois, no exterior dela.

Sudbrack (1987; 1992a), estudando famílias com transações delitogênicas na realidade francesa, observou a presença de uma forte dependência emocional entre mãe e filho, que os impedia de viver um sem o outro, associada a dificuldades do casal em constituírem-se e apresentarem-se como unidade.

Além das características relacionadas ao funcionamento da família atual, outro aspecto a ser considerado diz respeito a uma compreensão transgeracional, semelhante àquela que procuramos fazer no caso do uso de drogas. Cirillo e colegas (1998) apontam uma frequência elevada de pais precocemente submetidos às obrigações da vida adulta, sendo que, muitas vezes, eles viveram em instituições e tiveram um vínculo negativo com seus próprios pais, a exemplo dos pais de usuários de drogas. Sudbrack (1987, 1992a, 1992b) encontrou, como resultado de sua pesquisa, histórias dos pais marcadas por separações difíceis, rupturas mal vividas e perdas mal elaboradas. Segundo a autora, nesses casos, o ato infracional pode ser compreendido como uma comunicação que abriga segredos e indica um enorme sofrimento ligado à história dos pais em suas famílias de origem.

Assim, similarmente ao uso de drogas, o envolvimento em atos infracionais precisa ser compreendido com referência em uma perspectiva que inclua não apenas a família atual com seu modo próprio de funcionamento, mas as histórias das famílias de origem dos pais, em um processo descrito por Bowen (1976; 1991) de transmissão multigeracional, que ocorre em todas as famílias e torna todos os seus membros copartícipes de um mesmo processo, que pode ser patológico ou não.

> Um conhecimento exaustivo das famílias anteriores pode nos ajudar a compreender que em uma família não existem anjos nem demônios. Todos são seres humanos, com suas forças e debilidades, com suas reações previsíveis segundo o impacto emocional do momento, sendo que cada um tenta dar o melhor de si durante a sua vida. (Bowen, 1991, p. 99-100)

REFERÊNCIAS BIBLIOGRÁFICAS

AUSLOOS, G. "Adolescence, délinquence et famile". *Annales de Vaucresson*, Vaucresson, v. 14, 1977, p. 80-7.

_____. "Systémes-homéostase-equilibration". *Thérapie Familiale*, Paris, v. 2, n. 3, 1982a, p. 197-203.

_____. "La therapie familiale dans l'alcoolisme et les autres toxicomanies: breve revue de la litterature americaine". *Thérapie Familiale*, Paris, v. 3, n. 3, 1982b, p. 235-56.

BATESON, G. *et al.* "Toward a theory of schizophrenia". *Behavioral Science*, n. 1, 1956, p. 251-64.

BAUMKARTEN, S. *O significado da drogadição no contexto da adolescência, da família e da instituição – um estudo sobre usuários e abusadores de merla do Distrito Federal*. 2001. Tese (Doutorado em Psicologia), Universidade de Brasília, Brasília (DF).

BOWEN, M. "Theory in the practice of psychotherapy". In: GUERIN, P. J. (org.). *Family therapy: theory and practice*. Nova York: Gardner Press, 1976, p. 42-90.

_____. *De la familia al individuo*. Trad. B. E. A. Lonnné. Buenos Aires: Paidós, 1991.

BULACCIO, B. "Família e a clínica da drogadição". *Psicologia: Teoria e Pesquisa*, Instituto de Psicologia da Universidade de Brasília, v. 8, 1992, p. 459-67 (suplemento).

CARRETEIRO, T. C. *Culture du trafic de drogue a Rio de Janeiro* (no prelo).

CASTAIGNEDE, J. "Les modalites de reproduction sociale de l'inadaptation dans le systeme familial: des processus a considerer en vue d'un traitement de l'inadaptation el de la délinquance". *Actes des ciquièmes journées internacionales*, n. 2, 1985, p. 89-99.

CASTILHO, T. "A droga". In: CASTILHO, T. (org.). *Temas em terapia familiar*. São Paulo: Plexus, 1994, p. 116-43.

CHIROL, C.; SEGOND, P. "Délinquance des jeunes, homeostase familiale et sociale". *Bulletin de Psychologie*, v. 359, n. 32, 1983, p. 237-47.

CIRILLO, S. *et al. La famille du toxicomane*. Paris: ESF, 1997.

CIRILLO, S.; RANGONE, G.; SELVINI, M. "L'adolescent antisocial: le sous-groupe de familles 'réguliéres'". *Thérapie Familiale*, Paris, v. 19, n. 4, 1998, p. 323-34.

COLLE, F. X. *Toxicomanias, sistemas e familias*. Trad. M. J. Pereira. Lisboa: Climepsi, 2001.

DE VOS, G. "Étude comparative des processus familiales liés à la délinquance: États-Unis-Japon". *Bulletin de Psychologie*, v. 359, n. 32, 1983, p. 279-88.

FERREIRA, A. J. "Double lien et délinquance". In : BENOIT, J. C. (org.). *Changements systémiques en thérapie familiale*. Paris: ESF, 1984, p. 81-90.

FISHMAN, H. C. *Tratando adolescentes com problemas: uma abordagem da terapia familiar.* Trad. M. A. V. Veronese. Porto Alegre: Artmed, 1996.

FOUCAULT, M. *Vigiar e punir.* Trad. R. Ramalhete. 23. ed. Petrópolis: Vozes, 2000.

GOUBIER-BOULA, M. O.; REAL, O. "L'incest, la mort e la toxicomanie: approche systémique". *Thérapie Familiale*, Paris, v. 3, n. 3, 1982, p. 271-84.

KALINA, E. *Adolescencia y drogadicción.* Buenos Aires: Nueva Visión, 1988.

KALINA, E. et al. *Drogadição hoje.* Porto Alegre: Artmed, 1999.

KAUFMAN, M. D. *Substance abuse and family therapy.* Nova York: Psychological Corporation Harcourt/Brace Jovanovich, 1985.

KRESTAN, J.; BEPKO, C. "Mentiras, segredos e silêncio: os múltiplos níveis da negação em famílias aditivas". In: IMBER-BLACK, E. (orgs.). *Os segredos na família e na terapia familiar.* Trad. D. Batista. Porto Alegre: Artmed, 1994, p. 147-65.

LEBORGNE, A. "Guidance sur mandat judiciare et délinquance". *Thérapie Familiale*, Paris, v. 18, n. 2, 1997, p. 181-204.

MARCELLI, D.; BRACONNIER, A. *Manual de psicopatologia do adolescente.* Trad. A. E. Filman. Porto Alegre: Artmed, 1989.

MIERMONT, J. et al. *Dicionário de terapias familiares: teoria e prática.* Trad. C. A. Molina-Loza. Porto Alegre: Artmed, 1994.

MINAYO, M. C. de S.; DESLANDES, S. F. "A complexidade das relações entre drogas, álcool e violência". *Cadernos de Saúde Pública,* Rio de Janeiro, v. 14, n. 1, 1998, p. 35-42.

MOWATT, D. T. "Uso del contacto inicial para evaluar el sistema familiar". In: STANTON, M. D.; TODD, T. C. (orgs.). *Terapia familiar del abuso y adiccion a las drogas.* Trad. C. Gardini. Buenos Aires: Gedisa, 1988, p. 25-42.

PENSO, M. A. et al. "Família e dependência de drogas: uma leitura sistêmica". In: RIBEIRO, M. A.; COSTA, L. F. (orgs.). *Família e problemas na contemporaneidade: reflexões e intervenções do Grupo Socius.* Brasília: Universa, 2004, p. 101-22.

PRATA, L., FELICE, M.; BRUNO, S. "Families avec une droguée: analyse de leurs dynamiques selon une optique systémique". *Thérapie Familiale*, v. 17, n. 1, 1996, p. 115-25.

ROSSET, M. S. *Pais & filhos: uma relação delicada.* Curitiba: Sol, 2003.

ROUSSAUX, J. P. "Familles d'heroinomanes en thérapie". *Thérapie Familiale,* Paris, v. 3, n. 3, 1982, p. 257-69.

SAMANIEGO, M.; SCHÜRMANN, A. M. "L'ecoute des familles face à la menace de toxicodépendance de l'adolecent". *Thérapie Familiale*, Paris, v. 20, n. 1, 1999, p. 39-49.

SEGOND, P. "Família e transgressão". *Psicologia: Teoria e Pesquisa,* Instituto de Psicologia da Universidade de Brasília, v. 8, 1992, p. 447-57 (suplemento).

SELOSSE, J. *Adolescence, violences et déviances.* Paris: Matrice, 1997.

SILVESTRE, M. "Thérapie familiale et toxicomanie". *Thérapie Familiale,* Paris, v. 12, n. 4, 1991, p. 327-35.

STANTON, M. D.; TODD, T. C. "Compte-rendu: toxicomanie, alcoolisme et thérapie familiale". *Thérapie Familiale*, Paris, v. 3, n. 3, 1982, p. 285-7.
_____. "El modelo terapéutico". In: STANTON, M. D.; TODD T. C. (orgs.). *Terapia familiar del abuso y adiccion a las drogas* Trad. C. Gardini. Buenos Aires: Gedisa, 1988, p. 101-59.
STANTON, M. D. *et al.* "Um modelo conceitual". In : STANTON, M. D. ; TODD T. C. (orgs.). *Terapia familiar del abuso y adiccion a las drogas.* Trad. C. Gardini. Buenos Aires: Gedisa, 1988, p. 25-42.
SUDBRACK, M. F. O. *La dimension familiale dans la delinquance des jeunes.* 1987. Tese (Doutorado em Psicologia), Universitè du Paris-Nord, Paris.
_____. "Da falta do pai à busca da lei: o significado da passagem ao ato delinquente no contexto familiar e institucional". *Psicologia: Teoria e Pesquisa*, Instituto de Psicologia da Universidade de Brasília, v. 8, 1992a, p. 447-57 (suplemento).
_____. "Integrando psicologia social e da personalidade: reflexões a partir do paradigma eco-sistêmico e da epistemologia da complexidade". *PSICO*, Porto Alegre, v. 23, n. 1, 1992b, p. 49-67.
_____. "Construindo redes sociais: metodologia de prevenção à drogadição e à marginalização de adolescentes de famílias de baixa renda". *Coletâneas da ANPEPP*, v. 11, n. 2, 1996, p. 87-113.
_____. "Abordagem comunitária e redes sociais: um novo paradigma na prevenção da drogadição". In: CARVALHO, D. B. B.; SILVA, M. T. da (orgs.). *Prevenindo a drogadição entre crianças e adolescentes em situação de rua – A experiência do Prodequi.* Brasília: MS/Cosam, UnB/Prodequi, UNDCP, 1999, p. 161-75.
_____. "Terapia familiar e dependência de drogas: construções teórico-metodológicas no paradigma da complexidade". In: COSTA, I. I. *et al.* (orgs.). *Ética, linguagem e sofrimento.* Anais/trabalhos completos. VI Conferência Internacional sobre Filosofia, Psiquiatria e Psicologia. Brasília: Positiva, 2003, p. 273-93.
XIBERRÁS, M. *Les théories de l'éxclusion.* Paris: Méridiens Klincksieck, 1994.
ZALUAR, A. "A criminalização das drogas e o reencantamento do mal". In: ZALUAR, A. (org.). *Drogas e cidadania: repressão ou redução de riscos.* São Paulo: Brasiliense, 1994, p. 97-127.

13. A dimensão clínica das intervenções psicossociais com adolescentes e famílias

LIANA FORTUNATO COSTA
MARIA APARECIDA PENSO

NESTE TEXTO PRETENDEMOS discutir nossa compreensão da dimensão clínica presente nas intervenções psicossociais com adolescentes e famílias. Tal proposta passa pela ampliação do conceito de clínica e pelo questionamento de que modo se construir uma intervenção que tenha um poder transformador, como se pretende nos contextos clínicos, considerando, porém, que, cada vez mais, temos possibilidades de atuar em ambientes socioeducativos.

Toda a realidade de atenção às famílias e aos adolescentes nos postos de saúde, nos ambulatórios, nos Centros de Atenção Psicossocial (Caps), nos Centro de Referência Especializado de Assistência Social (Creas), nas clínicas sociais, nos projetos de atendimentos à violência por iniciativa dos tribunais e em outros requer adaptações e inovações, a fim de se criar formas viáveis de se fazer intervenções que são de natureza transformativa, mas que vão além da criação de um contexto clínico tradicional. É nessa realidade que nos dispomos a contribuir.

A AMPLIAÇÃO DO CONCEITO DE CLÍNICA

COMO DEFINIR A CLÍNICA? Na acepção da palavra, clínica significa estar junto de, ao lado de, olhar com muita atenção, observar acurada, direta e minuciosamente (Barbier, 1985). É ainda explorar e compreender o sentido que move o sujeito, facilitando sua condição de observador e ator de sua própria vivência. Para Gaulejac (1999), consiste uma escuta atenta às manifestações afetivas e emocionais que acompanham o discurso do sujeito. Para Barus-Michel (2004), o conceito de clínica pressupõe a interdependência entre uma situação, uma relação estabelecida entre pessoas e a presença de demanda.

Segundo Martins (2003), a atividade clínica se configura em função da característica da atenção individualizada, da construção de um vínculo afetivo específico desse contexto, da escuta clínica dos fatos e atos. Esse autor aponta o valor da história clínica como a peça fundamental que contém os signos que informam sobre o observado (o adolescente ou a família). Os signos são elementos de uma história que informa e constitui um espaço de discussão, um espaço de relação. A história clínica é uma narrativa que será interpretada.

Nesse sentido, a construção de uma perspectiva clínica tem início com a escuta dessa história, mesmo que ela não esteja sendo narrada por clínicos, ou por quem poderá tomar decisões clínicas. Estamos querendo sinalizar não uma construção de *setting* clínico, mas sim de uma relação clínica, no sentido de espaço de escuta e fala. Essas observações adquirem um sentido diferenciado, quando estamos falando de adolescentes que estão sob obrigação em espaço limitado, sem demandas por reflexão ou condições físicas de expressão. Ou ainda quando nos referimos a famílias que buscam atendimento terapêutico por obrigação por depender de um parecer para encerrar um processo judicial.

Numa perspectiva sistêmica, apontamos a construção de um compromisso clínico quando há preocupação de se compreender os diversos sistemas que compõem o contexto social de adolescentes ou famílias, dando-se especial atenção aos grupos de pares, à escola, ao sistema familiar e a comunidade (Guimarães e Costa, 2003).

Compreendemos a clínica como um trabalho de arqueologia do sofrimento do sujeito, que se configura num compromisso de duas pessoas com papéis diferenciados e específicos, em lugar e espaço determinados e delimitados para tal. Pelo menos, essa é uma concepção próxima do ideal de construção de um contexto clínico e aproxima-se da compreensão crítica formulada por Cirillo (1994) quando aponta as dificuldades de compor essa situação ideal. Esse autor define o contexto clínico como aquele que guarda compromissos de manutenção do sigilo por parte do terapeuta, que assegura ao cliente que ele fará a escolha desse profissional, e que possibilita a constituição de um contrato entre essas duas partes para proteger esses aspectos.

Nossa motivação para discutir a dimensão clínica presente nos contextos não clínicos vem de nossa constatação de que trata-se de um desafio que deve ser enfrentado com criatividade e adequação possível às disponibilidades que o ambiente ou a instituição nos oferece. Daí, nossa perspectiva de ampliação da clínica, que inclui uma arqueologia baseada na construção de um vínculo que seja sentido como importante; na aceitação de que o compromisso será curto e muito objetivo; na criação de espaços que possam ser recriados para dar lugar a esse compromisso; da não exigência da manutenção das condições clássicas do contexto clínico como sigilo e encontros regulares com prazos indefinidos.

Para tanto, incluímos a possível presença daqueles outros sujeitos que estão afeitos aos problemas que geram o sofrimento e que poderão dar valiosas contribuições para a ressignificação das dificuldades, o mais rápido possível. Só não abrimos mão de que os papéis sejam diferenciados e que sejam respeitadas as atribuições distintas de ambos: terapeuta e cliente.

O CONCEITO DE INTERVENÇÃO PSICOSSOCIAL

Nossa definição de intervenção psicossocial relaciona-se com trabalhos com sujeitos que, por diferentes razões, têm dificuldades em suas relações no contexto social em que estão inseridos: famílias com pendências judiciais, encaminhadas para terapia por obrigação, e adolescentes em conflito com a lei. Essas intervenções implicam a necessidade de compreensão das questões subjetivas articuladas com a realidade social. Essa prática pressupõe a análise de contextos sociocomunitários e jurídicos que circundam o sujeito. No entanto, essa análise sempre será realizada com a participação ativa do sujeito, que, quando descobrir suas potencialidades, terá mais condições de modificar sua condição de vida, criando contextos de proteção e evitando situações de risco.

A intervenção psicossocial trata de uma prática comprometida com o empoderamento do sujeito e com o incentivo para a busca de soluções para suas dificuldades, que façam sentido em sua história de vida. Portanto, nenhuma intervenção pode ser apartada do contexto social, político, econômico, cultural no qual ele está inserido.

Segundo Sarriera (2000), a intervenção psicossocial é um encontro, que pode ser definido aqui como uma mistura complexa que acaba por gerar algo diferente dos elementos que a integram, afetando-os e transformando-os. Esse autor organiza o processo da intervenção do seguinte modo: definição do tema enfocado, escolha do grupo-alvo; levantamento das necessidades existentes no sistema social ou comunidade; planejamento da intervenção. Nesse planejamento, são delimitados os objetivos e métodos, que precisam ser flexíveis e avaliados constantemente. Por fim, os métodos construídos são disseminados para outros sistemas comunitários, alvos de outras intervenções. O autor alerta ainda que, em uma intervenção, devem estar garantidos o envolvimento do grupo-alvo e um espaço de acolhimento da fala de todos os envolvidos. Para tanto, é preciso criar estratégias que facilitem a expressão daqueles que usualmente "não têm voz" (considerando as relações sujeito-grupo e grupo-sociedade).

DIFERENÇA ENTRE CONTEXTO CLÍNICO E CONTEXTO PSICOSSOCIAL

GROSSO MODO, A DIFERENCIAÇÃO entre os contextos clínico e psicossocial relaciona-se com a existência da demanda. Costuma-se acreditar que, no momento em que alguém procura um atendimento psicológico, na perspectiva da clínica, ele tem o "desejo" de falar de suas dificuldades, repensar sua forma de ser, provocar mudanças. No contexto psicossocial, trabalha-se com demandas de terceiros no que diz respeito ao comportamento e à forma de ser do sujeito. Especificamente no caso de adolescentes e famílias, esse terceiro, muitas vezes, são instituições como a Justiça e a escola. Essas instituições demandam que a família ou o jovem apresente mudanças para que suas pendências nesses ambientes possam ser solucionadas. No caso específico da Justiça, esses sujeitos querem somente se ver livres dessas amarras e podem afirmar que aceitam terapia, ou que prometem buscar uma instituição clínica, ou ainda assumem um compromisso, mesmo que não pretendam cumpri-lo.

O conceito de demanda precisa ser revisto. Numa perspectiva tradicional, ela inclui um pedido explícito. Em nossa prática, temos observado que há, sim, demanda, mas não nos moldes que as definições usualmente tratam. Esse pedido pode vir bastante camuflado ou travestido de outras roupagens mais concretas, como é comum nos serviços de assistência social: oferece-se atendimento psicológico, e o pedido é por repasse de recurso financeiro. Uma questão que se apresenta aí é a capacidade de os profissionais reinterpretarem o modo como essas demandas são trazidas, de reformularem seus parâmetros de análise de qual demanda está se tratando e de poderem enxergar o sofrimento detrás da formulação inadequada do que é importante naquele momento. Precisamos aprender a escutar o que as famílias estão dizendo sobre a necessidade delas na ocasião. As demandas são formuladas *naquele momento*. Só assim poderemos oferecer uma resposta mais próxima possível a isso.

Vemos que comumente o profissional não consegue repensar seu oferecimento por terapia e insiste em que a família, ou os adolescentes, engaje-se em um contrato terapêutico que não pretende cumprir. Trata-se de um grande desafio enxergar um sofrimento psicológico no conteúdo de pedidos que são de ordem material. "O meu problema é arranjar emprego." "Eu estou precisando é de dinheiro para pagar o aluguel." "O negócio, véio, é sair desta espelunca", diz o adolescente internado em meio fechado. Se o profissional não conseguir avançar no sentido de propor algumas reflexões, sem desconsiderar as demandas reais trazidas por esses sujeitos, realmente não verá o que pode ser explorado em termos de sofrimento e possibilidades de amenizá-lo.

Nesse sentido, parece importante compreender que eles trazem necessidades concretas, que não podem paralisar o profissional: "Como não tenho o emprego para dar, nem o dinheiro, ou outros bens materiais, então nada posso fazer". A questão é como equacionar esses pedidos, que não podem ser desqualificados, com o oferecimento de ações da alçada do psicólogo.

Isso remete a outro aspecto muito importante, que é a questão do contrato em construção. É preciso muita clareza sobre o que pode ser oferecido e qual é o papel do profissional, evitando assim falsas expectativas sobre os resultados do atendimento. Isso pressupõe o esclarecimento sobre os limites e as possibilidades do trabalho terapêutico, assim como também as responsabilidades compartilhadas entre terapeuta e cliente. Na nossa prática, esse contrato é uma construção conjunta, muito bem negociada, de forma honesta e criativa. Esse é o primeiro passo no empoderamento desses sujeitos como capazes de tomar decisões, fazer escolhas e realizar transformações. Arriscamos ainda a dizer que é um momento de surgimento de alguma demanda para uma conversa franca e honesta sobre as dificuldades vividas e as alternativas para solucioná-las

A CONVIVÊNCIA EM FAMÍLIA

PARTIMOS DA JÁ CONHECIDA avaliação realizada por alguns autores (Henriques, Féres-Carneiro e Magalhães, 2006; Jablonski, 2007; Mosman, Wagner e Féres-Carneiro, 2006) que assinalam que estamos diante de observações sobre a família contemporânea, a qual vem se organizando de forma característica em sua dimensão dinâmica interna e em sua inserção socioeconômica. Esses autores têm definido e questionado esse cenário, procurando conhecer melhor os impasses dessas famílias. Não nos propomos a discutir esses aspectos aqui. Tentamos avançar no sentido de compreender como as demandas por "terapias" formuladas por esses grupos estão surgindo e como se apresentam.

Em nossa participação em ambulatório de atendimento psicológico público, temos observado que as famílias de renda baixa, ou de renda média, buscam o atendimento por terapia por meio de encaminhamentos vindos em primeiro lugar da Justiça, em segundo lugar da escola, e somente depois da saúde. Nos dois primeiros casos, têm pendências para serem resolvidas: precisam mostrar ao juiz algum documento que prove que elas estão em atendimento para encerrar o processo ou como condição para uma decisão do retorno do mesmo. É claro que a demanda é por mostrar que estão cumprindo a determinação, mas está bastante distante da disponibilidade para ingressar em um processo de mudanças, que requer muito investimento psicológico, financeiro e de mobilização de todos da família. Temos trabalhado no sentido de criar métodos de intervenção que possam conter observações clínicas e ações mais potentes e pontuais, para que a possibilidade de respostas transformadoras possa ser agilizada. O Grupo Multifamiliar (GM) é um desses instrumentos (Costa, Penso e Almeida, 2005; Costa et al., 2008).

Sobre o melhor tratamento desse tipo de demanda, entendemos que o trabalho deva ser em parceria com a instituição – a Justiça –, pois precisamos compreender as duas dimensões como complementares, de modo que uma decisão institucional por um lado possa potencializar a outra decisão institucional. Sobre a demanda formulada pela escola, pensamos que o modelo de responsabilização mútua (Codevilla, 2009) ajuda a compreender o contexto no qual as demandas são construídas. O modelo defendido por esta autora mostra que pais e professores responsabilizam-se mutuamente pelos problemas ocorridos na escola e não se veem como agentes de mudança nem de soluções. Assim, a direção da escola trabalha com duas opções para tratar de problemas de violência: ou expulsa o aluno ou o encaminha para terapia. Podemos entender, dessa forma, como a demanda também é construída por imposição.

SER ADOLESCENTE

PENSAR A CLÍNICA DO ADOLESCENTE pressupõe discutir como compreendemos essa etapa da vida. Diferentes autores consideram a adolescência como um momento em que o indivíduo está em processo de formação da sua identidade (Doron e Parot, 2000; Erickson, 1976; Osório, 1992). Sob a perspectiva sistêmica, esse processo envolve os movimentos de separação e pertencimento familiar, sendo a família a "matriz de identidade" do adolescente (Minuchin, 1982). Assim, a qualidade dos vínculos estabelecidos entre o adolescente e seu sistema familiar é fundamental para o estabelecimento do sentimento de pertencimento e a posterior separação, possibilitando a construção da identidade. Como afirma Sudbrack (1998, p. 231), isso "envolve uma condição paradoxal de pertencimento e separação, de dependência e autonomia, num movimento dinâmico e recursivo de poder mudar sem deixar de ser o mesmo".

Para Preto (1995), a fase da adolescência inclui três tarefas: 1) a busca da autonomia com base em tomadas de decisões; 2) a construção da individuação com a vivência da crise de identidade; 3) as mudanças físicas/biológicas, as quais envolvem toda a família. Segundo essa autora, a autonomia é uma construção de trajetória própria que envolve novas responsabilidades, visando à inserção na vida adulta. Esse processo implica um desequilíbrio familiar, o que requer da família adaptação e disponibilidade de compartilhar com esse adolescente integrante do grupo familiar um novo papel dele, transformado com novos direitos e deveres. A construção da individuação, com a vivência da crise de identidade é o processo no qual o indivíduo constrói a sua autoimagem, seus valores, sentimentos e opiniões e, a partir daí, diferencia-se do outro. Finalmente, as mudanças físicas/biológicas ocorridas durante a fase da puberdade influenciam a autoimagem do adolescente e como o outro o percebe.

Trata-se de uma fase rica em possibilidades de descobertas e mudança, sendo a etapa do desenvolvimento em que o ser humano sofre as maiores modificações no seu processo vital, além de ser um período de intensa experimentação de papéis e situações sociais (Coslin, 1999; Tiba, 1985). Como afirma Vieytes-Schmitt (1991, p. 122): "Idade de paixões por excelência, de sofrimento e êxtase, de criatividade, de explosão de energia e de consciência da morte". Em resumo, o adolescente vive períodos de angústia, alternados com outros de excitação e felicidade extrema. Além disso, em sua onipotência, raramente percebe-se como quem precisa de ajuda. Essas constatações sobre o ser adolescente nos levam a questionar o modelo de trabalho clínico ou psicossocial desenvolvido com ele.

O OLHAR CLÍNICO NAS INTERVENÇÕES PSICOSSOCIAIS

Gostaríamos de iniciar este tópico com a descrição de dois exemplos de atuação clínica ocorridas durante uma intervenção psicossocial do Grupo Multifamiliar. É necessário informar antes que o GM é uma intervenção psicossocial, com duração de quinze horas, na qual podem participar de cinco a oito famílias, além das redes sociais delas, bem como suas famílias de origem. Às vezes, conseguimos reunir cerca de quarenta pessoas – entre crianças, adolescentes e adultos –, sendo que todas têm algum nível de envolvimento com o problema que justifica a participação no grupo. No primeiro exemplo, temos uma fala dirigida diretamente a uma mãe, diante da evidência de dificuldades desta na aproximação afetiva com a filha, que, a nosso ver, facilitou a ocorrência e a manutenção da situação de abuso sexual.

> Outro dia também que marcou muito foi a respeito... me perguntaram se a minha filha foi bem-vinda. Aí, eu falei que era porque eu já tinha dois meninos e o pai dela era doido querendo uma menininha, e ela foi muito bem-vinda. Eu não sei o porquê da pergunta que a professora fez... Depois eu falei: "Ah! eu não sei; eu não consigo me aproximar dela nem colocar um prendedor no cabelo dela... Nada, uma roupa que eu acho bonitinha, ela não coloca... Assim, ela não aceita uma ideia, uma opinião". Daí a professora falou assim: "Você critica ela, não é?" Porque eu fiz um desenho e a minha filha falou: "Ai, que desenho feio, mãe, que você fez". A professora notou: "Ela te criticou... você critica ela, não é?" Então, eu falei assim: "Critico porque... Eu falo que ela está feia, que ela tem que melhorar". Depois a professora falou assim: "Tem um ditado que é muito bem colocado no mundo aí fora, que é assim – de boas intenções o inferno está cheio". Quer dizer... Eu criticava ela na boa intenção de querer melhorar ela, mas estava era piorando os sentimentos dela. Então isso pra mim valeu muito. Guardei! Pra vida. (Mãe de uma menina de 7 anos abusada sexualmente)

Esse trecho traz uma mãe recordando o diálogo que ela manteve com a coordenadora do grupo. Trata-se de uma intervenção breve e com potencial transformador, na concepção de que o contexto oferece permanentemente possibilidades terapêuticas (Cirillo e Di Blasio, 1991). Essa observação é de extrema pertinência, pois nos dá a dimensão da possibilidade de intervenção da fala, que contém elementos simbólicos, metafóricos, ou mesmo da observação direta, para reflexão e elaboração da relação de desproteção, que vulnerabiliza a criança e que pode estar calcada nas experiências do adulto em também ter sido desprotegido. Esse exemplo nos mostra um traço de desvalorização presente na relação mãe/filha, capaz de trazer à tona a relação da mãe com sua própria mãe, conforme seu relato posterior, que tem contribuído para a continuidade dessa desvalorização mútua, que tende a ocasionar afastamentos de diversas naturezas.

Um segundo exemplo diz respeito também a uma intervenção na realidade da mãe de uma menina de 6 anos, abusada pelo pai desde os 2. Essa mãe nos contou uma cena que ocorreu quando ela estava aguardando na sala de espera a audiência que decidiria sobre a guarda das crianças. Além dela, estavam no ambiente as crianças, o pai abusador e outras pessoas que também aguardavam sua audiência. As meninas conversavam com o pai um pouco distante dela. Então, um senhor que estava ao lado do pai, levantou-se e falou para a mãe abrir os olhos, porque o pai estava dizendo indecências para as meninas. Esse homem não usou uma metáfora, mas deu um conselho literal, pois a mãe permanecia longos períodos de olhos fechados, e assim estava naquele momento.

Enquanto a mãe narrava essa situação, a terapeuta iniciou uma representação dramática da cena, fechando os olhos e assumindo uma posição de quem dormia diante da vida, chegando mesmo a escorregar na cadeira. A terapeuta procurou dimensionar de forma exagerada a cena, na perspectiva de Ancelin Schützenberger (1970) que fala de maximização do drama. Essa mãe ficou extremamente chocada com a dramatização, que lhe deu oportunidade de expressar sua emoção e conexão com suas respostas evasivas e fugitivas diante do contínuo assédio do pai às filhas. Nesse exemplo, a terapeuta ainda utilizou a *técnica do es-*

pelho, um potente instrumento do psicodrama (Gonçalves, Wolff e Almeida, 1988), que leva a pessoa a compreender que o profissional está repetindo seus movimentos e que a imagem reproduzida *é ela mesma*.

CONSIDERAÇÕES FINAIS

REFLETINDO SOBRE A NOSSA prática de atendimento, em contextos em que existe uma ausência de demanda, no sentido tradicional do tema, pontuamos algumas questões:

1 acreditamos na possibilidade de reflexão e transformação, mesmo sem uma verbalização explícita para tal;
2 os conceitos de demanda clínica para psicoterapia e grande adesão ao atendimento precisam ser repensados urgentemente, sob risco de perdermos a oportunidade de trabalhar com grande parte da população brasileira;
3 a inexistência de uma demanda explícita não deve ser confundida com a ausência de pedido de ajuda;
4 é preciso aprender a escutar o que não é dito unicamente pela via da linguagem, mas que se manifesta de muitas outras maneiras;
5 o trabalho do psicólogo deve ser pensado em um espectro de múltiplas opções, que vão desde a psicoterapia tradicional, com um pedido claro e explícito de ajuda, até trabalhos pontuais, que possam levar o sujeito a refletir sobre sua forma de vida, sem que este seja um pedido explícito.

E finalmente queremos enfatizar que essa perspectiva de ressaltar a dimensão clínica na intervenção psicossocial inclui uma formação e qualificação profissional extremante cuidadosa, que requer grande investimento na aquisição de habilidades, de técnicas e de recursos criativos para fazer frente a uma prontidão para perceber com mais acuidade as oportunidades da intervenção.

REFERÊNCIAS BIBLIOGRÁFICAS

ANCELIN SCHÜTZENBERGER, A. *O teatro da vida: psicodrama, introdução aos detalhes técnicos*. Trad. H. F. Japiassú. São Paulo: Duas Cidades, 1970.

BARBIER, R. *Pesquisa-ação na instituição educativa*. Trad. E. dos S. Abreu e M. W. M. de Andrade. Rio de Janeiro: Zahar, 1985.

BARUS-MICHEL, J. *O sujeito social*. Trad. E. D. Galery e V. M. Machado. Belo Horizonte: PUC-MG, 2004.

CIRILLO, S. *El cambio en los contextos no terapeuticos*. Barcelona: Paidós, 1994

CIRILLO, S.; DI BLASIO, P. *Niños maltratados: diagnóstico y terapia familiar*. Buenos Aires: Paidós, 1991.

CODEVILLA,. A. C. S. *A relação escola-família no enfrentamento do comportamento violento do adolescente*. 2009. Dissertação (Mestrado em Psicologia), Universidade Católica de Brasília, Brasília (DF).

COSLIN, P. G. "Déviances, délinquances et violences juvéniles". *Bulletin de Psychologie*, Paris, v. 52, n. 441, tomo 3, 1999, p. 295-301.

COSTA, L. F.; PENSO, M. A.; ALMEIDA, T. M. C. "O grupo multifamiliar como um método de intervenção em situações de abuso sexual infantil". *Psicologia USP*, São Paulo, v. 16, n. 4, 2005, p. 121-46.

COSTA, L. F. et al. "'A justiça é demorosa, burra e cega': percepções de famílias sobre a dimensão jurídica dos crimes de abuso sexual". *Boletim de Psicologia*, São Paulo, v. LVIII, n. 128, 2008, p. 85-102.

DORON, R.; PAROT, F. *Dicionário de psicologia*. Lisboa: Climepsi, 2000.

ERICKSON, E. H. *Identidade: juventude e crise*. Trad. A. Cabral. Rio de Janeiro: Zahar, 1976.

GAULEJAC, V. de. *L'histoire en héritage: roman familial et trajectoire sociale*. Paris: Desclée de Brouwer, 1999.

GONÇALVES, C. S., WOLFF, J. R.; ALMEIDA, W. C. de. *Lições de psicodrama: introdução ao pensamento de J. L. Moreno*. São Paulo: Ágora, 1988.

GUIMARÃES, F. L.; COSTA, L. F. "Clínica psicológica do adolescente: do sistema à abordagem narrativista". *Paideia*, Departamento de Psicologia e Educação da Universidade de São Paulo, Ribeirão Preto, v. 12, n. 24, 2003, p. 163-74.

HENRIQUES, C. R., FÉRES-CARNEIRO, T.; MAGALHÃES, A. S. "Trabalho e família: o prolongamento da convivência familiar em questão". *Paideia*, Departamento de Psicologia e Educação da Universidade de São Paulo, Ribeirão Preto, v. 16, n. 35, 2006, p. 327-36.

JABLONSKI, B. "O cotidiano do casamento contemporâneo: a difícil e conflitiva divisão de tarefas e responsabilidades entre homens e mulheres". In: FÉRES-CARNEIRO, T. (org.). *Família e casal: saúde, trabalho e modos de vinculação.* São Paulo: Casa do Psicólogo, 2007, p. 203-28.

MARTINS, F. *Psicopathologia II, semiologia clínica: investigação teórico clínica das síndromes psicopatológicas clássicas.* Brasília: UnB/IP, 2003.

MINUCHIN, S. *Famílias: funcionamento e tratamento.* Trad. J. A. Cunha. Porto Alegre: Artes Médicas, 1982.

MOSMAN, C., WAGNER, A.; FÉRES-CARNEIRO, T. "Qualidade conjugal: mapeando conceitos". *Paideia,* Departamento de Psicologia e Educação da Universidade de São Paulo, Ribeirão Preto, v. 16, n. 35, 2006, p. 315-25.

OSÓRIO, L. C. *Adolescente hoje.* Porto Alegre: Artes Médicas, 1992.

PRETO, N. G. "Transformações do sistema familiar na adolescência". In: CARTER, B.; McGOLDRICK, M. (orgs.). *As mudanças no ciclo de vida familiar.* 2. ed. Trad. M. A. V. Veronese. Porto Alegre: Artes Médicas, 1995, p. 223-47.

SARRIERA, J. C. et al. "Intervenção psicossocial e algumas questões éticas e técnicas." In: SARRIERA, J. C. (org.). *Psicologia comunitária: estudos atuais.* Porto Alegre: Sulina, 2000, p. 25-44.

SUDBRACK, M. F. O. "Situações de risco à drogadição entre crianças e adolescentes no contexto de baixa renda: Os paradoxos e as possibilidades da família". *Ser Social,* n. 3, Departamento de Serviço Social da UnB, Brasília,1998, p. 219-43.

TIBA, I. *Puberdade e adolescência: desenvolvimento biopsicossocial.* 2. ed. São Paulo: Ágora, 1985.

VIEYTES-SCHMITT, C. "L'adolescence : temps des passions". *Thérapie Familiale,* Paris, v. 12, n. 2, 1991, p. 121-33.

14. Reflexões éticas sobre a clínica da família

ILENO IZÍDIO DA COSTA

> O conhecimento da virtude não é o conhecimento técnico inerente a um arquiteto ou um construtor de barcos. Em certo sentido, todos são ou deveriam ser mestres de virtude, já que não há requisitos profissionais para "fazer" ética.
>
> PROTÁGORAS, PLATÃO

> Ética significa a responsabilidade ilimitada por tudo que existe e vive.
>
> ALBERT SCHEWEITZER

INTRODUÇÃO

TODOS SABEMOS QUE "ÉTICA" é uma palavra grega que tem duas origens: *éthos*, com "e" curto, que pode ser traduzida por costume, e *êthos*, com "e" longo, que significa propriedade do caráter. A segunda serviu de base para a tradução latina moral (*mores*), enquanto a primeira, de alguma forma, orienta a utilização atual que damos à palavra ética. Para Moore (1975), "ética é a investigação geral sobre aquilo que é bom". Assim, etimologicamente, ética, seja de *éthos* ou de *êthos*, significa "costumes ou morada habitual". Os dois caminhos, portanto, levam à conduta humana.

Se pudéssemos fazer uma única delimitação do que seria a ética, afirmaríamos que ela procura princípios que dirijam a consciência na escolha do bem e concentra atenção na vontade humana, porque seu objeto é o ato humano produzido pela vontade. A ética, portanto, não se restringe à descrição de costumes ou hábitos de diferentes povos, mas se tornou uma ciência reflexiva sobre a retidão dos atos humanos, segundo princípios gerais e racionais. Foucault (2001), por exemplo, descreveu-a como "a prática reflexiva da liberdade".

Partindo dessas provocações introdutórias, o presente capítulo pretende fazer algumas reflexões sobre a ética da clínica familiar com base em três eixos éticos gerais, a saber: a *ética do cuidado*, a *ética da alteridade*, e a *bioética*. Julgo que as três estão implicadas no processo clínico da compreensão e do atendimento a famílias e de sua diversidade.

Por certo – e por concisão –, essas reflexões não esgotam as potencialidades, complexidades e conflitos que tais eixos encerram. Pretendo tão somente tecer alguns caminhos de reflexão que problematizem os diferentes dilemas que a clínica familiar e a própria compreensão da família nos impõem.

TRÊS EIXOS OU PONTOS DE PARTIDA

A ÉTICA DO CUIDADO nos remete a uma abordagem contextual, a relacionamentos comunitários, portanto, a conexões humanas. A filologia da palavra "cuidado" aponta sua derivação do latim *cura*, que constitui um sinônimo erudito de cuidado. Na maneira mais antiga do latim (*coera*), é usada, no contexto de relações de amor e amizade, para expressar uma atitude de cuidado, desvelo, preocupação e inquietação pela pessoa amada ou por um objeto de estimação. Mas há também outra origem para a palavra, derivada de *cogitare-cogitatus*, que significa cogitar, pensar, mostrar interesse, revelar uma atitude de preocupação.

Assim, cuidado inclui duas significações intimamente ligadas entre si e, posso dizer, fundamentais para a clínica: uma atitude de solicitude e de atenção para com o outro; e uma preocupação e inquietação advindas do envolvimento e da ligação afetiva com o outro por parte da pessoa que cuida (Zoboli, 2004).

Para Heidegger (*apud* Reich, 1995), cuidado tem duplo sentido: angústia e solicitude, duas possibilidades fundamentais e conflitantes.

> O "cuidado angústia" (*sorge*) retrata a luta de cada um pela sobrevivência e por galgar uma posição favorável entre os demais seres humanos. O "cuidado solicitude" (*fürgsorge*) significa voltar-se para, acalentar, interessar-se pela Terra e pela humanidade. No mundo cotidiano é inevitável esta divergente ambigüidade do cuidado. (Zoboli, 2004)

Assim, a etimologia de *cuidado* indica que cuidar é mais que um ato singular; é modo de ser, a maneira como a pessoa se estrutura e se realiza no mundo com os outros. É um modo de ser no mundo que funda as relações que se estabelecem com as coisas e as pessoas (Boff, 1999; Reich, 1995).

Boff (1999, p. 36) define a ética do cuidado como "um consenso mínimo a partir do qual possamos nos amparar e elaborar uma atitude cuidadosa, protetora e amorosa para com a realidade... esse afeto vibra diante da vida, protege, quer expandir a vida".

Por seu turno, a *bioética*, como estudo que investiga as condições necessárias para a administração responsável da vida humana, traz quatro princípios gerais que precisam ser aplicados à compreensão, intervenção e pesquisa da clínica familiar: autonomia, beneficência, não maleficência e justiça (Diniz e Guilhem, 2002).

O *princípio da autonomia* requer dos indivíduos que deliberem sobre suas escolhas e sejam tratados com respeito pela sua capacidade de decisão. As pessoas têm o direito de decidir sobre as questões relacionadas com seu corpo e sua vida. O *princípio da beneficência*, por sua vez, refere-se à obrigação ética de maximizar o benefício e minimizar o prejuízo. Quem age deve ter a maior convicção e informação possíveis para assegurar que sua intervenção seja benéfica (*ação que faz o bem*). Como o princípio da beneficência proíbe infligir dano deliberado, o *princípio da não maleficência*, por sua vez, estabelece que a ação sempre deve causar o menor prejuízo ou agravos (*ação que não faz o mal*). É universalmente consagrada, também, por meio do aforismo hipocrático *primum non nocere* (primeiro não prejudicar), a finalidade de reduzir os efeitos adversos ou indesejáveis das ações diagnósticas e terapêuticas no ser humano.

Por sua vez, o *princípio da justiça* estabelece como condição fundamental a *equidade*: obrigação ética de tratar cada indivíduo conforme o que é moralmente correto e adequado; de dar, a cada um, o que lhe é devido. Os recursos devem ser equilibradamente distribuídos, com o objetivo de alcançar, com a maior eficácia possível, o maior número de pessoas assistidas.

Por fim, situo, também brevemente, a *ética da alteridade*. Sabemos que *alteridade* (ou "*outridade*") parte do pressuposto básico de que todo ser humano, sistemicamente, interage e interdepende de outros indivíduos. Assim, a existência do individual só é concebível no contato com o outro, fazendo-nos dar sentido à nossa existência a partir do outro, da visão do outro, de um olhar diferenciado, oscilando entre o diferente e mim mesmo, na experiência do contato.

Sabemos também que a palavra alteridade é composta pelo prefixo latino *alter,* que significa *colocar-se no lugar de outro* na relação interpessoal, com valorização, consideração, identificação e diálogo. A prática da alteridade se conecta, portanto, tanto entre indivíduos quanto entre grupos.

A *prática alteritária*, segundo Pinto (2004), considera sempre "os fenômenos da complementaridade e da interdependência, no modo de pensar, de sentir, de agir, sem a preocupação com a sobreposição, assimilação ou destruição do outro com o qual nos relacionamos". Acaba por conduzir a diferença "à soma nas relações interpessoais entre os seres humanos, na medida em que propõe estabelecer uma relação pacífica e construtiva com os diferentes, na medida em que se identifique, entenda e aprenda a aprender com o contrário".

Nesse sentido, "a perda da alteridade, da visão do outro e da natureza como outro" leva o homem ao desequilíbrio ecológico, à violência, à intolerância, ao ódio e ao separatismo.

A ética da alteridade seria, então, a capacidade de conviver com o diferente – indivíduo, grupo ou natureza –, com o olhar interior voltado justamente para o reconhecimento e acolhimento das diferenças. Significaria reconhecer o outro em si próprio, com os mesmos direitos, deveres e responsabilidades.

Para Heidegger (*apud* Morin, 2003), não há nada mais perigoso para o homem do que o surgimento de uma situação em que ele se encontre somente consigo mesmo. Se nada existe fora dele que possa confrontá-lo, com quem possa fazer a experiência do outro como ele é em si mesmo, então surge o perigo de o homem tornar-se um monstro.

Para Morin (2003), o conhecimento do vizinho, da pessoa com a qual se vive, e o conhecimento do estranho estão interligados. Porém, a pós-modernidade parece destruir a hospitalidade, ou seja, o caráter sagrado do outro e do estranho.

Creio ser ponto pacífico que o *eu* nunca emerge a não ser do encontro com o *outro*. A estranheza diante de si mesmo é uma experiência essencial, pois permite abrir-se às outras culturas e ao *outro*; todavia, para acolhê-lo, não para querer dominá-lo (como tem sido o comportamento do homem com relação a seu semelhante e com a natureza). Ou seja, o *eu* só tem sentido ao encontrar-se com o *outro* num nível de maturidade e responsabilidade, portanto, acolhendo-o mais que objeto e fruto de necessidade.

Na filosofia contemporânea, alguns autores se destacaram na abordagem desse tema, sobretudo Husserl, Sartre, Merleau--Ponty e Levinas, que desenvolveram o conceito de alteridade como a presença necessária do outro, não apenas para a existência e constituição do próprio eu, mas principalmente para a constituição da intersubjetividade.

A alteridade, portanto, é a preocupação com o *outro*, colocada no fundamento do agir humano e levada à prática individual com relação à sociedade. Nesse sentido, o egoísmo perde espaço, trazendo somente ações responsáveis e justas do Eu para com o *outro*. Com a alteridade é possível exercer a cidadania e estabelecer uma relação pacífica e construtiva com os diferentes, na medida em que se identifica, entende e aprende a aprender com o contrário. Portanto, a alteridade é a capacidade de conviver com o diferente, de se proporcionar um olhar interior com base nas diferenças. Significa dizer que eu conheço o *outro* em mim mesmo, também como sujeito aos mesmos direitos que eu, de iguais direitos para todos, o que também gera deveres e responsabilidades, condições básicas, a meu ver, da cidadania plena.

Souza (2004, p. 56) afirma que o

> Outro é por nós compreendido como aquele que chega de fora, fora do âmbito do meu poder intelectual, de minha inteligência que vê e avalia o mundo. O Outro rompe com a segurança de meu mundo, ele chega sempre inesperadamente, dá-se em sua presença não prevista, sem que eu possa, sem mais, anular essa sua presença e esse seu sentido.

Levinas (1988) prioriza a busca do sentido do humano, na qual se verifica a possibilidade da relação metafísica do mesmo com o *outro* sem que o outro se reduza ao mesmo nem o mesmo se absorva na identidade do *outro*, mantendo, cada um, a condição de separação e a verdadeira relação de alteridade. A relação ética de alteridade torna-se, assim, lugar originário da construção do sentido e provocação eminente à racionalidade (*apud* Souza, s/d).

O rosto do *outro* (Levinas, 1988, p. 38) apresenta-se como apelo irrecusável de responsabilidade para com ele, que tem como medida a desmedida do infinito, é fato. O rosto não é um ente objetivo que possa ser abordado de modo especulativo. O rosto fala e, ao proferir sua palavra, invoca o interlocutor a sair de si e entrar na relação do discurso.

Para Schemes (s/d), é

> no rosto e por meio dele que o humano se manifesta no ser. O rosto nos remete a uma necessidade ética universal. Essa necessidade ética universal pode ser construída como uma filosofia primeira, antes mesmo da ontologia, ou seja: como ética da alteridade. Nessa fundamentação ética é que será possível uma pedagogia mais humana, justa e solidária, ou seja, a pedagogia da alteridade.

ALGUMAS QUESTÕES ÉTICAS BÁSICAS NA CLÍNICA DA FAMÍLIA

ESTAS BREVES PROBLEMATIZAÇÕES sobre cuidado, bioética e alteridade já apontam questionamentos preciosos na clínica familiar. Senão vejamos.

No que tange à *ética do cuidado*, é importante resgatar na clínica da família a prática da ética da liberdade, a prática reflexiva da liberdade de que fala Foucault. Não somente para refletir livre e eticamente sobre a realidade do sofrimento (a clínica) familiar, mas também como preocupação constante com a liberdade de se ser como é como princípio primeiro da atuação ética com as famílias.

A clínica familiar não deve ser mero objeto de avaliação moral ou de julgamento do padrão interacional que gera o sofrimento, como foi feito nos primórdios da cibernética sistêmica. Ao contrário, é preciso compreender que um padrão familiar, mesmo que disfuncional, é legítimo, devendo o clínico se ater apenas àquilo que a família pede e permite transformar para se tornar "algo mais funcional". A pretensão da cura da família é pressuposto clínico-ético superado. Em seu lugar, o cuidado como abordagem contextual, inquietação e preocupação com as ligações afetivas da família, objetivando a solicitude protetora que expande a vida, deve ser o veio fundamental. Portanto, não se cura a família, cuida-se, no sentido ético, dela.

Assim, o conhecimento complexo da família é fundamental para que se alcance a independência e a autonomia em seu cuidado.

A sua independência é um princípio na nossa ação e uma meta a ser permanentemente alcançada: o preparo para o seu próprio cuidado, de modo mais autônomo possível. A compreensão da rede de relações (sistêmicas e/ou dinâmicas, incluindo inconscientes), a escuta diferenciada desde o primeiro contato, organizada no tempo (mapeamento das relações familiares) e baseada no princípio da corresponsabilidade são posturas caras, éticas por excelência.

Qualquer postura que interfira na autonomia, liberdade e privacidade de um sistema familiar é de uma delicadeza tal que exige muita prudência e uma preparação técnica específica. O simples ato de transmitir informação ou a mais complexa intervenção familiar requer uma reflexão ética contínua para que os padrões (éticos, valorativos e morais) do clínico não guiem as possíveis mudanças no sistema familiar. Assim posto, a avaliação sistêmica da família não pode considerar-se completa sem uma avaliação global dos recursos do sistema familiar (no sentido não só da família nuclear, mas também da família extensa e transgeracional) e da rede social em que está inserido.

Muitas vezes, em seu ciclo de vida, as famílias testam-se em períodos de crise, subordinando os seus recursos de confiança a situações de sofrimento intrafamiliar, que visam implementar interesses e cuidados mútuos, fazendo agir mitos familiares que bem conhecemos, como os da harmonia, da salvação ou da reparação da culpa. Porém, também sabemos que muitos dos sofrimentos relacionais familiares resultam da matriz transgeracional e sócio-histórica complexa. As famílias estão mergulhadas nas normas socioculturais, históricas, políticas, étnicas e econômicas, que só em utopia são eticamente justas. Um dos primeiros riscos do clínico é a imposição de seus valores, sem o devido respeito ético pela maneira como a família deu significância às suas experiências, vivências e criou a realidade em seu complexo desenvolvimento – ou sofrimento.

Nesse sentido, os princípios da *bioética* – na condição de ética aplicada – de autonomia, beneficência, não maleficência e justiça podem ser parâmetros constantes da reflexão clínica na atuação com famílias. A autonomia da família deve ser respeitada para que ela possa fazer as próprias escolhas, devendo seus membros ser tratados com respeito pela sua capacidade de decisão, transformação e (re)construção da homeostase que lhes cabe conseguir, e não daquela que o clínico deseja que seja.

Por sua vez, a obrigação ética de maximizar o benefício e minimizar o prejuízo também deve ser fio condutor. O clínico precisa ter a maior convicção e informação técnicas possíveis que assegurem ser sua intervenção benéfica. Como o princípio da beneficência proíbe infligir dano deliberado, a não maleficência, por sua vez, estabelece que a ação sempre deve causar o menor prejuízo ou agravos. Para tanto, é plenamente válido o aforismo clínico hipocrático universalmente consagrado do *primum non nocere* (primeiro não prejudicar), cuja finalidade é reduzir os efeitos adversos ou indesejáveis das ações diagnósticas, terapêuticas e interventivas na realidade familiar, por exemplo.

O princípio da justiça, por seu turno, conclama-se à obrigação ética de tratar cada família conforme o que é moralmente correto e adequado para ela, permitir-lhe o que lhe é devido. Os recursos devem ser equilibradamente distribuídos com o objetivo de alcançar, com mais eficácia, o maior número de efeitos possíveis e o maior número de pessoas envolvidas com a família.

Quanto à ética da alteridade – que parte do pressuposto de que todo o homem social interage e interdepende de outros indivíduos –, entendo que o contato clínico com a família também deve ser pautado por um olhar diferenciado, partindo tanto do *diferente* quanto de nós mesmos (clínicos), sensibilizados pela experiência do contato singular. Isso significaria dizer que, a despeito do clínico (e sua família internalizada, seus valores, sua ética particular) também ser parâmetro para o contato com a família, a dimensão *alter ou colocar-se no lugar de outro* na relação interpessoal, com valorização, consideração, identificação e diálogo com o *outro*, é conduta fundamental.

A *prática clínica alteritária*, se é que assim podemos falar, deve levar em conta sempre os fenômenos da complementaridade e da interdependência, no modo de pensar, de sentir, de agir, sem a sobreposição, a assimilação ou a aprisionamento da família com a qual lidamos. Reforça-se aqui que a perda da alteridade, da visão do *outro* e da natureza como *outro* faz que o clínico amplie o desequilíbrio, a estranheza e, por decorrência, o sofrimento.

Concordando com Boff (1995), entendo que enquanto o ser humano não se sentir e não se assumir na solidariedade relacional e na comunidade dos seres humanos em processo aberto, em maturação e em transformação, "re-ligado a tudo", ele se isolará, será dominado pelo medo, pelo sofrimento, e, por causa destes, usará o poder contra si e contra a natureza.

Assim, entendo que é preciso compreender que o *eu-clínico* somente emerge do encontro com o *outro-família*. A estranheza diante de si mesmo é, pois, uma experiência essencial, permitindo-se abrir-se às outras culturas e ao *outro-família* para tentar acolhê-lo; não para dominá-lo, mas para encontrar-se num nível de maturidade e responsabilidade, acolhendo-o mais que a um objeto à mercê de necessidades clínicas.

A noção de intersubjetividade se torna aqui fundamental e demanda elaborações éticas para que o intersubjetivo não seja simples produto da subjetividade individual ou das elaborações sobre esta e as relações intrínsecas da família com o clínico. A intersubjetividade nesse caso é um constante questionar-se – reflexão ética por excelência – sobre os sentidos, significados e possibilidades de ação consequentes diante da complexidade clínico-família-sofrimento-sociedade.

Portanto, a alteridade na relação com a família, em meu entender, é a preocupação com o *outro-família*, colocada no fundamento do agir, do contato humano, e considerada sua relação com a sociedade e sua própria historicidade.

Com a noção de alteridade, creio ser possível exercer de fato a cidadania e estabelecer uma relação pacífica e construtiva com os diferentes, na medida em que se identifica, entende e aprende a aprender com o diferente, o contrário – ou seja, aquela família única e singular que não é a minha, é plena de autonomia, significações e direitos. Reforço, portanto, a concepção de que a alteridade é a capacidade de conviver com o diferente, de se proporcionar um olhar interior com base nas diferenças, conhecendo o *outro* em mim mesmo, também como sujeito aos mesmos direitos que eu, de iguais direitos para todos, o que também gera deveres e responsabilidades, ingredientes da cidadania plena.

Por fim, com Levinas (1988), penso ser fundamental priorizar a busca do sentido do humano-familiar, numa "relação metafísica do mesmo com o outro, sem que o outro se reduza ao mesmo nem o mesmo se absorva na identidade do outro", mantendo, cada um (clínico e família), a condição de separação e a verdadeira relação de alteridade. A relação ética de alteridade torna-se lugar originário da construção do sentido e provocação eminente à racionalidade, portanto de reflexão ética constante.

O rosto do *outro*, ou seja, como a família se apresenta a mim, clínico, em sua imagem especular, apresenta-se como apelo irrecusável de responsabilidade para com ela, que tem como medida, a "desmedida do infinito", ou seja de múltiplas e legítimas possibilidades não conhecidas por mim *a priori*.

Para finalizar, cabe dizer que, a despeito de todas as diversidades, diferenças (alteridades), complexidades e sofrimentos possíveis do relacionamento familiar, cabe ao clínico estar preparado para o cuidado, a promoção da autonomia, o exercício do maior bem possível, da justiça cabível, da corresponsabilidade e o respeito pela singularidade, mesmo que a clínica com que lidamos seja de abusos, violências, loucuras e mortes. A ética não deve se deixar fixar pelas angústias dessas expressões do humano; ao contrário, precisa se aliar à solicitude do bem cuidar das famílias em qualquer dessas condições, e, portanto, bem cuidar da própria humanidade.

REFERÊNCIAS BIBLIOGRÁFICAS

BOFF, L. *Ecologia: grito da terra, grito dos pobres*. São Paulo: Ática, 1995.
_____. *Saber cuidar: ética do humano, compaixão pela terra*. Petrópolis: Vozes, 1999.
DINIZ, D.; GUILHEM, D. *O que é bioética*. São Paulo: Brasiliense, 2002.
FOUCAULT, M. *Politique et éthique: une interview*. In: Dits et écrits II, 1976-1988. Paris: Quarto-Gallimard, 2001.
LEVINAS, E. *Totalidade e infinito*. Lisboa: Edições 70, 1988.
MOORE, G. E. *Princípios éticos*. São Paulo: Abril Cultural, 1975.
MORIN, E. *Planeta: a aventura desconhecida*. São Paulo: Ed. Unesp, 2003.
PINTO, A. A. B. "Alteridade: categoria fundamental da ética ambiental". Portal *Jus Navegandis*, Teresina, ano 11, n. 1494, 4. ago. 2004. Disponível em: <http://jus2.uol.com.br/doutrina/texto.asp?id=10241>. Acesso em: 12 jun. 2009.
REICH, W. T. "History of the notion of care". In: Reich, W. T. (ed.). *Bioethics encyclopedia*. 2. ed. [CD Rom]. Nova York: MacMillan Library, 1995.
SCHEMES, J. *A pedagogia da alteridade*. s/d. Disponível em: <http://www.pucrs.br/mj/artigo-50.php>. Acesso em: 12 jun. 2009.
SOUZA, J. T. B. *Ética como metafísica da alteridade em Levinas*. s/d. Disponível em: <http://tede.pucrs.br/tde_busca/arquivo.php?codArquivo=1050>. Acesso em: 12 jun. 2009.
SOUZA, R. T. *Uma introdução à ética contemporânea*. 2. ed. São Leopoldo: Nova Harmonia, 2004.
ZOBOLI, E. L. C. P. "A redescoberta da ética do cuidado: o foco e a ênfase nas relações". *Revista da Escola de Enfermagem da USP*, São Paulo, v. 38, n. 1, 2004, p. 21-7. Disponível em: <http://www.uff.br/pgs2/textos/zoboli_2004.pdf>. Acesso em: 12 jun. 2009.

15. A terapia de família em múltiplos contextos sociais: um enfoque sociodramático

MARIA AMALIA FALLER VITALE

PARA TRATAR DA CLÍNICA da família em múltiplos contextos sociais, procuro estabelecer, de modo breve, alguns pontos de partida sobre os quais essa interlocução será construída. Traço, a seguir, as bases do trabalho terapêutico com famílias (sociodrama familiar) e tento ilustrar minhas ideias com fragmentos clínicos retirados da prática terapêutica. Esses fragmentos espelham, de um lado, situações sociais diversas e, de outro, sofrimentos que se aproximam.

PONTOS DE PARTIDA

APESAR DAS RECONHECIDAS mudanças[1] e indefinições que marcam as famílias contemporâneas, elas parecem – no caso da sociedade brasileira – ocupar um lugar central na nossa forma de estar no mundo. O "sentimento de família" permanece a despeito das transformações e do redesenhar as fronteiras dela, que, em sua versão contemporânea, tem, para alguns de seus estudiosos como Singly (2000) e Charton (2006), caráter relacional. O ser e o conviver, o eu e o outro e os afetos são ingredientes de suas relações (Singly, 2000). Nesse sentido, o afeto acompanha e modifica as regras formais entre gênero e gerações.

---

[1]. Algumas das transições da família contemporânea podem ser facilmente reconhecidas, outras se dão de forma não imediatamente perceptível.

A família atual é reconhecida em sua complexidade. Emerge como principal unidade de reprodução biológica e de socialização, como matriz psicológica no processo de desenvolvimento de identidades individuais em ressonância com os atributos dominantes da sociedade e configuradas de acordo com o grupo social no qual se insere. A família se traduz como experiência de convívio e de conflito entre gêneros e gerações[2] (Vitale, 2006). Nela inicia-se o aprendizado das diferenças de gêneros, gerações e dos traços individuais. Configura-se ainda como sujeito político na defesa dos direitos de seus membros.

O grupo familiar tem história e memória, social e singular. Sua memória facilita a coesão e a integração de seus integrantes; permite o movimento de permanência e mutação de si própria; fornece a teia das histórias familiares e integra a construção de novas identidades[3]. Ela é permeada de emoções, sentimentos, segredos, mitos, representações, silêncios e esquecimentos.

Assim, a vida em família contempla ambiguidades, incertezas, recursos e possibilidades, assim como emerge dela um dos lócus das vivências de pertencimento e do exercício de autonomia em nossa sociedade. Conciliar e discriminar demandas familiares e individuais são contradições e desafios postos no cotidiano de seus integrantes.

A família se inscreve no desenrolar de seu percurso de vida, que é estruturado com base em modos de organização da existência histórica e socialmente construídos. Casamento, nascimento, crescimento dos filhos, separação e morte constituem eventos desse ciclo e representam momentos distintos em que a família procura terapia em grupo. É com essa complexa e mutante "realidade" que nós – terapeutas familiares – temos a pretensão de trabalhar.

---

2. Encontram-se aí tanto as relações de solidariedade na rede familiar como as de competição pelos espaços familiares e sociais.

3. Ver as contribuições de Muxel (1997) sobre a memória familiar e também Vitale e Colombo (2001).

Com esses inúmeros e imbricados aspectos, a família tende a ter centralidade na vida das pessoas em nossa sociedade, mesmo quando, aparentemente, há oposição a ela. Todavia, nem todas as crianças e adolescentes podem tirar o mesmo partido dessa fonte potencial de riqueza social e emocional. Isso ocorre principalmente quando elas são afetadas pela dimensão da violência familiar[4] ou pelas rupturas relacionais próprias do percurso de vida familiar, aliadas às condições dos trabalhos precários, empregos instáveis. Podemos acrescentar também as redes familiares e sociais frágeis e o contexto de políticas públicas inconsistentes. Nessas condições, as famílias tornam-se vulneráveis para responder ao espaço dos cuidados que lhes são próprios.

Atendi, nesses anos de trabalho, basicamente a famílias pertencentes aos segmentos sociais chamados, genericamente, de médios e aos considerados vulneráveis. Em cada um desses contextos socioeconômicos e culturais – marcados pelas desigualdades sociais –, delineiam-se cenários e repertórios peculiares para as cenas familiares, assim como sentimentos, sofrimentos, competências e criatividade. Em especial com as famílias em situação de vulnerabilidade, reconheci que a injustiça social, o sentimento de exclusão e impotência são fontes de sofrimento e afetam as pessoas em seu dia a dia[5]. Essas situações datadas e circunstanciadas revelam os sentimentos humanos: amor, ódio, medo, vergonha, esperança, desesperança, tristeza, alegria, entre outros que, por sua vez, envolvem todas as relações familiares. Os sofrimentos coexistem com as demandas para ampliar possibilidades (em "combinações diversas") e estão presentes no cotidiano das famílias. Necessitam,

---

4. Nos casos de violência, a família tende a não se constituir um lócus de proteção e cuidados. Sobre as implicações da violência familiar para crianças e adolescentes, ver Costa e Almeida (2005).
5. Sawaia (2003, p. 45) aponta o sofrimento ético-político decorrente da condição da desigualdade socioeconômica de nossa sociedade: "Falamos do sofrimento ético-político, que é a dor (físico-emocional) evitável do ponto de vista social, pois é infligida pelas leis racionais da sociedade".

em muitas situações, ser expressos, acolhidos, expandidos, transformados no plano terapêutico. Esses, assim como todos os demais aspectos mencionados, emergem em graus diversos por intermédio das cenas e narrativas familiares construídas na relação terapêutica.

A TERAPIA FAMILIAR DE BASE SOCIODRAMÁTICA

SOCIODRAMA FAMILIAR: UM MODO DE TRABALHAR

A terapia familiar destina-se a esse grupo em seus laços e redes, bem como nas diversas formas como ele se apresenta na contemporaneidade. No sociodrama familiar (um referencial de base para a terapia desenvolvida), o grupo é o protagonista.

Para delinear essa forma de trabalho, é preciso, de modo breve, situar sua origem.

Para Moreno (1975, p. 30), fundador do psicodrama e sociodrama[6] e um dos precursores da terapia familiar:

> A terapia conjugal e familiar, por exemplo, tem que ser conduzida de tal modo que se manifeste a "interpsique" de todo o grupo na representação, exteriorizando suas telerrelações e seus estados coconscientes e coinconscientes. Os estados coconscientes e coinconscientes são, por definição, aqueles que os participantes experimentaram e produziram conjuntamente e que, por conseguinte, só podem ser reproduzidos ou representados em conjunto. Um estado coconsciente ou coinconsciente não pode ser propriedade de um único indivíduo. É sempre uma propriedade comum e sua representação é impossível sem um esforço combinado.

Com o recorte dessa afirmação moreniana, o aspecto que se quer destacar é o agente terapêutico, que se desloca de uma única pessoa e passa a ser o grupo familiar. As ideias de Moreno sina-

---

[6]. Moreno é considerado um dos precursores da terapia familiar, embora não desfrute o devido reconhecimento na história dessa perspectiva.

lizam, claramente, a mudança do lócus da terapia. A família é tratada como um conjunto de relações.

Essa afirmação contém conceitos-chave do referencial psicodramático que nos auxiliam na compreensão e no atendimento à família. A dimensão relacional cunha os principais conceitos morenianos. Descobrir com a família qual é a sua demanda. Transformar sua queixa inicial em um pedido relacional é dar início ao sociodrama familiar. Trabalha-se para encontrar com esse grupo novos caminhos para responder às situações relacionais cristalizadas e marcadas por culpas, lealdades invisíveis, mitos familiares engendrados, muitas vezes, de modo transgeracional. Os papéis familiares idealizados, as respostas aos desafios e as alternativas diante das mudanças que o ciclo de vida impõe e tantos outros aspectos também podem ser aprisionadores do potencial criativo de seus integrantes (Vitale, 2004). Nesse sentido, o trabalho terapêutico procura fazer emergir as possibilidades criadoras e criativas da família.

O terapeuta mediador é facilitador da ação dramática, mas também coordenador da conversação familiar diversa, conflitante e complementar. Nesse contexto, ele não tem um saber normativo ou de caráter ideológico. O modo operacional (contrato, frequência e outros aspectos) depende de cada caso e do próprio terapeuta.

No sociodrama, os membros da família são solicitados a desenvolver sua capacidade de ser agentes terapêuticos uns dos outros, ou seja, de estabelecer uma relação com mais sintonia, de compartilhar seus sentimentos, suas emoções. Nesse processo, cria-se um momento de cuidados mútuos, de trocas que tendem a permitir vínculos mais espontâneos.

No cenário psicodramático surgem possibilidades para que as cenas familiares já vividas, e também as do aqui e agora, sejam trabalhadas. Esse cenário oferece o potencial para "fazer presentes" membros ausentes que tenham um lugar na representação da trama familiar nos diversos planos geracionais; facilita a criação de um novo contexto para que seus integrantes revisitem o passado, tendo em vista vitalizar o presente e "projetar" o futuro. As cenas dramatizadas ou relatadas podem ser renomeadas pelo grupo. Exemplificando: uma briga entre pais e filhos pode também ser percebida como de cuidado familiar. Os recursos técnicos empregados se inscrevem no quadro metodológico psicodramático (sociodramático). Podem-se mencionar as técnicas de solilóquio, duplo, espelho, desempenho e inversão de papéis, esculturas[7], jogos dramáticos e dramatização, entre outras.

No sociodrama, as dramatizações ganham peculiaridade, uma vez que, quando se trabalha com esse grupo, a plateia é constituída pelos membros da própria família, que, ao mesmo tempo, são representados e têm um interesse vital no desenrolar da dramatização[8].

Por intermédio do sociodrama familiar, o terapeuta procura com a família revisitar seu *drama*, suas histórias e, assim, buscar novos roteiros para acessar a mudança de papéis e de jogos relacionais solidificados. Desconstruir verdades relacionais ("conservas familiares"[9]) aprisionadoras é uma exigência e também um receio que a família traz ao processo terapêutico. Revelar a competência da família – sua espontaneidade e criatividade – constitui um dos desafios postos para a relação terapêutica.

No contexto clínico, a rede sociométrica[10] familiar também pode ganhar visibilidade, na medida em que constitui um potencial a ser levado em conta no caminho. Convém ressaltar, como bem aponta Sarti (2003), a necessidade de muitas famílias pobres se constituírem em rede, ou seja, em um sistema de apoios mútuos a fim de viabilizar sua existência como tal.

---

[7]. A escultura, técnica conhecida dos terapeutas familiares, tem origem no psicodrama.
[8]. Williams (1994) também aponta essa questão ao discutir a terapia familiar.
[9]. Expressão utilizada por Moreno que, no caso, refere-se às relações cristalizadas e crenças familiares cristalizadas.
[10]. Moreno (1972) entende que as redes sociométricas são compostas pelas várias relações interpessoais às quais o indivíduo se vincula e se configuram também como referência nos diversos papéis sociais que ele desempenha.

FRAGMENTOS CLÍNICOS

UM DRAMA E UMA FAMÍLIA[11]

A família é composta por mãe – faxineira doméstica – com três filhos de idade aproximada entre 7 e 10 anos (dois meninos e uma menina). Procurou a terapia por indicação do médico que atendeu uma das crianças, que apresentava um problema dermatológico crônico. O médico considerou que aspectos emocionais estavam dando sustentação ao quadro apresentado.

Os pais separaram-se quando as crianças eram pequenas. Inicialmente, o pai as visitava, mas, depois, com o tempo, foi espaçando seus contatos até não mais procurar os filhos. Na época do primeiro atendimento, as crianças estavam sem saber de seu paradeiro.

ATO I
A mãe

> Eu consegui criar meus filhos porque todo mundo me ajudou. Quando eles eram pequenos, um ficava com a madrinha, os outros com a vizinha para eu poder trabalhar. Meu pai e meu irmão também se ofereceram para ficar com alguma das crianças, mas eles moram em outro Estado. Eu cheguei a pensar, mas não quis me separar das crianças; só se um dia a situação ficar muito difícil.
>
> Eu espero oferecer uma vida melhor para meus filhos, enquanto trabalhar, eu tenho esta esperança.

As crianças (em sessões só com grupo fraterno)

As crianças e o contexto (depoimento dado por intermédio de um jogo dramático sobre o que as crianças desejavam na vida):

---

11. A família foi atendida na sede de uma organização não governamental. Alguns dados foram modificados para preservar sua identidade.

> A gente queria um lugar para jogar futebol, mais luz para não ficar com medo. E também mais saúde para as pessoas.

Os irmãos na família

> Faz muito tempo que a gente não vê o pai. Ele [irmão que apresentava o sintoma dermatológico] chamava o pai de tio. Acho que foi por isso ele [pai] não voltou mais...

Essa narrativa familiar sobre a ausência do pai foi trabalhada terapeuticamente no sentido de sua desconstrução.

ATO II
A mãe

> Voltei com o pai deles, depois desses anos todos de separação. Poderá ser bom para as crianças e para mim. Vou experimentar...

Os pais se encontraram durante um processo de pedido de pensão alimentícia movido pela mãe e resolveram tentar viver juntos novamente.

As crianças (em sessão só com grupo fraterno)

> Vamos fazer uma história[12].

A terapeuta propôs que eles escolhessem um nome para a história. O nome escolhido: *O fantasma que voltou*.
A história foi dramatizada. Os sentimentos das crianças puderam emergir diante do lugar e do não lugar do pai nessa família.

---

[12]. As crianças gostavam de escrever histórias. Esse foi um recuso bastante utilizado durante o processo terapêutico. Conforme o conteúdo dessas narrativas, conversava-se ou dramatizava-se.

UM DRAMA E NOVA FAMÍLIA[13]

Uma família composta por mãe – executiva de empresa de médio porte – e dois filhos adolescentes procurou terapia familiar após uma briga violenta que envolveu agressões físicas entre irmãos. Os pais se separaram quando os filhos ainda eram pequenos.

Desde então, o pai foi viver em outro país, casou-se novamente e teve filhos do novo relacionamento conjugal. Ele mantinha pouco contato com os filhos.

A mãe dedicava-se à família e ao trabalho e nunca mais havia tido outro relacionamento afetivo-sexual significativo. O irmão mais velho foi assumindo, desde a separação conflituosa, a função parental de companheiro da mãe. Assim, passou a desejar fazer as vezes de pai com relação ao irmão, apenas dois anos mais novo.

Nesse conflito, a mãe sofria com a situação, que cada vez mais fugia de seu controle, ao mesmo tempo que estabelecia níveis de cumplicidade com cada um dos filhos. Ora confirmava o papel parental do filho mais velho, ora o desqualificava. Ele, por sua vez, respondia tanto às lealdades com relação à mãe como com relação ao pai, implicado direto nessa triangulação familiar. Por seu lado, a mãe era disputada pelos filhos para dizer quem estava certo, quem estava errado, quem era o bom, quem era amado. Realimentava-se a triangulação e a competição construídas em todo o circuito familiar. Em relação ao pai, figura ausente, cada um dos três criou seu próprio conceito, construído nessa trama vincular. A representação desse marido/pai estava no cerne do conflito familiar que eclodia entre os irmãos. Sentimentos, emoções, pensamentos dessa delicada trama vincular emergiram por intermédio do cenário psicodramático, em que os irmãos puderam desempenhar o papel do pai ausente e, assim, apropriaram-se de alguns conteúdos relacionais por novo ângulo (Vitale, 1999).

---

13. Atendimento em clínica privada.

CONSIDERAÇÕES FINAIS

Espero, nos limites desta apresentação e reconhecendo a diversidade dos aspectos envolvidos quando se trata de família, ter chamado a atenção para alguns aspectos que permeiam a clínica com famílias – por intermédio do sociodrama – em diversos contextos sociais. A realidade socioeconômica e cultural penetra o âmago das relações familiares e dão-lhes matiz. Segundo Sarti (2003, p. 26), "dentro dos referenciais sociais e culturais de nossa época e de nossa sociedade, cada família terá uma versão de sua história, a qual dá significado à experiência vivida".

A família incorpora os conteúdos dessas situações, mas também os transforma e os recria, dando continuidade e descontinuidade à vida social e no seu grupo. Sabe-se também que são os contextos que oferecem significados às histórias e às cenas familiares. A construção deles se dá no interior da relação terapêutica, que os qualifica com a mediação das dimensões de classe social, de gênero, e de geração entre outros.

Assim, o trabalho terapêutico – em âmbito privado, público ou não governamental – não é marcado apenas por técnicas ou enquadres necessários a cada plano. Exerce bem mais influência a visão que se tem das famílias – vistas como complexas e diversas – inscritas numa realidade socialmente desigual, a relação que se constrói entre família e terapeuta, alimentada pela ideia de que ela tem potencial criativo para sonhar, pensar, agir e, ao mesmo tempo, sedimentada pelo reconhecimento da incompletude do trabalho terapêutico.

Em famílias com crianças e adolescentes, muitos aspectos ganham relevância. Chamei atenção para os laços fraternos, que têm sido insuficientemente abordados no âmbito da clínica com famílias. Eles ganham destaque, em parte, por revelar as tramas que envolvem os recasamentos atuais e o redesenhar dos contornos familiares. Os laços fraternos, portanto, necessitam ser apreendidos não de modo linear, mas no campo das tensões, da heterogeneidade, das ambiguidades, das contradições e da sociometria que estão no cerne da vida familiar, em especial as que têm crianças e adolescentes.

As histórias e as cenas cotidianas desses grupos, nos diferentes contextos sociais, são construídas ou desconstruídas no processo terapêutico. Revelam-se, então, as crenças e os aspectos mais profundos das vivências, sentimentos e desejos próprios da vida compartilhada. Nesse movimento, a família, *como protagonista*, inscreve seu *drama* no entrelaçamento do singular com o social.

REFERÊNCIAS BIBLIOGRÁFICAS

CHARTON, L. *Familles contemporaines et temporalités*. Paris: L'Harmattan, 2006.
COSTA, L. F.; ALMEIDA, T. M. C. (orgs.). *Violência no cotidiano: do risco à proteção*. Brasília: Universa, 2005.
MORENO, J. L. *Fundamentos da sociometria*. Buenos Aires: Paidós, 1972.
_____. *Psicodrama*. São Paulo: Cultrix, 1975.
MUXEL, A. "La mémoire familiale". In: SINGLY, F. *La famille l'état des savoirs*. Paris: La Découverte, 1997.
SARTI, C. A. "Famílias enredadas". In: ACOSTA, A. R.; VITALE, M. A. F. (orgs.). *Família: redes, laços e políticas públicas*. São Paulo: Cortez; Instituto de Estudos Especiais PUC-SP, 2003.
SAWAIA, B. B. "Família e afetividade: a configuração de uma práxis ético-política, perigos e oportunidades". In: ACOSTA, A. R.; VITALE, M. A. F. (orgs.). *Família: redes, laços e políticas públicas*. São Paulo: Cortez; Instituto de Estudos Especiais PUC-SP, 2003.
SINGLY, F. *Libres ensembles: l'individualisme dans la vie commune*. Paris: Nathan, 2000.
VITALE, M. A. F. "Separação e ciclo vital familiar: um enfoque sociodramático". In: ALMEIDA, W. (org.). *Grupos: a proposta do psicodrama*. São Paulo: Ágora, 1999.
_____. "Novos laços familiares e novas relações conjugais: da queixa ao pedido". In: VITALE, M. A. F. (org.). *Laços amorosos: terapia de casal e psicodrama*. São Paulo: Ágora, 2004.
_____. "Família: pontos de reflexão". In: BAPTISTA, M. V. (org.). *Abrigo comunidade de acolhida e socioeducação*. São Paulo: Instituto Camargo Corrêa, 2006.
VITALE, M.A.F.; COLOMBO, S.F. "Memória familiar e esquecimentos". In: GRANDESSO, M. (org.). *Terapia e justiça social: respostas éticas a questões de dor em terapia*. São Paulo: APTF, 2001.
WILLIAMS, A. *Psicodrama estratégico: a técnica apaixonada*. São Paulo: Ágora, 1994.

OS AUTORES

Flávio Lôbo Guimarães. Psicólogo e mestre em Psicologia Clínica pela Universidade de Brasília. Supervisor do estágio em Psicologia Jurídica da Universidade Paulista (Unip). Membro da diretoria executiva da Associação Regional de Terapia Familiar do Centro-Oeste – Acotef. Psicoterapeuta e terapeuta de famílias e casais, com atuação em consultório particular. E-mail: flaviopsi@yahoo.com.br

Francisco Catunda Martins. Psicólogo, psicanalista, psiquiatra. Tem doutorado e pós-doutorado pela Université Catholique de Louvain. É professor titular da Universidade de Brasília. Entre seus livros estão *Psicopathologia I* (PucMinas) e *O dever, o pensar, o aparentar e o devir* (EdUnb). E-mail: fmartins@unb.br

Heloisa Junqueira Fleury. Psicóloga, psicoterapeuta, psicodramatista didata supervisora nos focos socioeducacional e psicoterápico; mestre pela Faculdade de Medicina da Universidade de São Paulo (USP); organizadora de livros e autora de vários capítulos em livros; coordenadora geral e professora do DPSedes – Instituto Sedes Sapientiae; orientadora do curso de especialização em sexualidade humana da Faculdade de Medicina da USP. E-mail: hjfleury@uol.com.br

Joëlle Bordet. Psicossocióloga, pesquisadora do Centre Scientifique et Technique du Bâtiment (CSTB), doutora em Psicossociologia Urbana. Publicou os seguintes livros: *Les jeunes de la cité* (PUF, 1998) e *Oui à une société avec les jeunes des cités* (L'Atelier, 2007). E-mail: joelle.bordet@cstb.fr

Ileno Izídio da Costa. Doutor em Psicologia Clínica e mestre em Filosofia e Ética da Saúde (Warwick, Inglaterra). Professor adjunto do Instituto de Psicologia da Universidade de Brasília, coordenador da clínica-escola do Instituto de Psicologia e coordenador do Grupo de Intervenção Precoce nas Psicoses da UnB. E-mail: ileno@unb.br

Liana Fortunato Costa. Psicóloga, terapeuta conjugal e familiar, psicodramatista, doutora em Psicologia Clínica pela Universidade de São Paulo, docente permanente do Programa de Pós-graduação em Psicologia Clínica e Cultura – PCL/IP/UnB. E-mail: lianaf@terra.com.br

Luciana Monteiro Pessina. Psicoterapeuta e terapeuta de famílias e casais, com atuação em consultório particular. Psicóloga da Secretaria Psicossocial Judiciária do Tribunal de Justiça do Distrito Federal e Territórios (TJDFT). E-mail: lpessina@terra.com.br

Maria Amalia Faller Vitale. Doutora em Serviço Social pela PUC-SP, pesquisadora da Associação de Pesquisadores e Núcleos de Estudos e Pesquisas sobre Crianças e Adolescentes, terapeuta familiar, psicodramatista, professora supervisora pela Febrap, membro titular da Associação Paulista de Terapia Familiar, autora na área de família e casal. E-mail: marfv@terra.com.br

Maria Aparecida Penso. Doutora em Psicologia pela Universidade de Brasília. Terapeuta de casais e família, membro do Conselho de Pesquisadores do MPDFT e membro suplente do Conselho dos Direitos da Criança e do Adolescente. Professora titular dos cursos de graduação e mestrado em Psicologia da Universidade Católica de Brasília. Membro dos Grupos de Pesquisa Socius e Gevin e da Anpepp. E-mail: penso@ucb.br

Maria Cecília Orozco Lopez. Psicóloga clínica licenciada em Educação, mestre pela Fairfield University, México. Atua como consultora para casais com problemas de esterilidade e processos de adoção. Palestrante em trabalhos preventivos com casais, famílias e organizações internacionais (Brasil). Moderadora da Lista Transcultural IAGP. E-mail: mceciliorzco@yahoo.com

Maria Eveline Cascardo Ramos. Psicóloga, mestre em Psicologia Clínica, psicodramatista didata, especialista em psicoterapia de adolescentes, docente em psicologia clínica, comunitária e jurídica na Universidade Católica de Brasília e no Instituto de Educação Superior de Brasília. É terapeuta de casais e famílias, membro do Conselho de Pesquisadores do Ministério Público do Distrito Federal e Territórios e coordenadora do Interpsi. E-mail: evelinecascardo@yahoo.com.br

Maria Fátima Olivier Sudbrack. Psicóloga, terapeuta conjugal e familiar, doutora em Psicologia pela Université Paris XIII, professora titular do Programa de Pós-graduação em Psicologia Clínica e Cultura – PCL/IP/UnB, coordenadora do Prodequi. E-mail: fatsudbr@unb.br

Maria Inês Gandolfo Conceição. Psicóloga, psicodramatista, doutora em psicologia pela Universidade de Brasília, professora adjunta do Programa de Pós-graduação em Psicologia Clínica e Cultura – PCL/IP/UNB. E-mail: inesgand@unb.br

Maristela Muniz Gusmão. Psicóloga, especialista em psicoterapia de adolescentes, mestranda da Universidade Católica de Brasília. Professora titular do curso de graduação em Psicologia da Universidade Católica de Brasília e do Instituto de Educação Superior de Brasília, membro do Núcleo de Estudos e Atenção à Exclusão Social e do Grupo de Pesquisa Geracionalidade, Imaginário e Violência. Atua nas áreas da psicologia clínica, social/comunitária e jurídica. E-mail: muniz@ucb.br

Marlene Magnabosco Marra. Psicóloga, mestre em psicologia, psicodramatista, didata supervisora nos focos psicoterapêutico e socioeducacional, especialista em terapia sistêmica de casal e família, professora e orientadora de cursos de especialização para psicodramatistas e terapeutas de família, coordenadora de ensino do Interpsi. Foi presidente da Federação Brasileira de Psicodrama (Febrap). É organizadora de livros e autora de capítulos e artigos sobre cidadania, organização de grupos, sociodrama e intervenções grupais. E-mail: mmarra@terra.com.br

Olga Maria Pimentel Jacobina. Psicóloga, mestre em Psicologia Clínica e doutoranda em Psicologia Clínica e Cultura pela Universidade de Brasília. Psicóloga da Secretaria de Desenvolvimento Social e Transferência de Renda do Governo do Distrito Federal, atua no Centro de Referência de Assistência Social da cidade-satélite de Guará. E-mail: olgampj@hotmail.com

Sandra Eni Fernandes Nunes Pereira. Psicóloga, professora do curso de Psicologia da Universidade Católica de Brasília, mestre e doutora em Psicologia Clínica e Cultura pela Universidade de Brasília. Atua nas áreas jurídica e psicossocial, realizando pesquisas sobre atos infracionais, drogadição, tráfico de drogas e redes sociais de adolescentes em contexto de vulnerabilidade social. E-mail: sandraeni@hotmail.com

Teresa Cristina Carreteiro. Psicóloga, professora titular do programa de pós-graduação em Psicologia da Universidade Federal Fluminense (UFF). Pesquisadora do CNPq. E-mail: tecar2@uol.com.br